Un nuevo comienzo

TAMBIÉN POR JOEL OSTEEN

JOEL OSTEEN

Un nuevo comienzo

FaithWords

NEW YORK | BOSTON | NASHVILLE

Agradecimientos

Mi primer agradecimiento, como siempre, va para Dios por guiarme en el proceso de escritura. Siguiente, entre aquellos con quienes estoy agradecido están mis amigos de Hachette Book Group por su ayuda. También estoy agradecido por la perspectiva creativa del miembro de nuestro personal pastoral en Lakewood Church, Steve Austin.

Estoy agradecido también con mis agentes literarios, Shannon Marven y Jan Miller Rich, de Dupree Miller & Associates, quienes una vez más probaron ser invaluables a lo largo de todo el proceso. Un agradecimiento especial a mi hermana Lisa Comes, al Dr. Paul Osteen y a los servicios literarios de Lance Wubbels.

Una vez más, este libro incluye muchas historias que me han compartido amigos, miembros de nuestra congregación y personas que he conocido alrededor del mundo. Aprecio y reconozco sus aportaciones y su apoyo. Algunos de los mencionados en el libro son personas que no he conocido personalmente y, en algunos casos, hemos cambiado los nombres para proteger la privacidad de los individuos. Les doy honor a todos a los que les debo honra.

Como hijo del líder de una iglesia y siendo pastor yo mismo, he escuchado incontables sermones y presentaciones, así que en algunos casos no puedo recordar la fuente exacta de una historia. Gracias a todos los que han tocado mi vida con la suya. Mi intención al escribir este libro es pasarle las bendiciones recibidas, y que toda la gloria sea para Dios.

Contenido

INTRODUCCIÓN

Será como árbol plantado junto
a corrientes de aguas,
Que da su fruto en su tiempo,
Y su hoja no cae;
Y todo lo que hace, prosperará.

Salmo 1:3

Introducción

La mejor decisión de su vida ha sido poner a Dios en el centro de ella. Ese fue el *primer paso* esencial para vivir a su máximo potencial. Ahora la clave para experimentar una vida extraordinaria todos los días es *crecer* en su relación con Dios. La Escritura habla acerca de cómo la vida con Dios es como un árbol y sus ramas. Cuando una rama está conectada al árbol, recibe nutrición y vida. Es capaz de producir fruto. Igualmente, nosotros tenemos que permanecer conectados con Dios para que podamos recibir su fuerza y ser facultados para lograr todo lo que Él tiene para nosotros.

En cualquier relación, el crecimiento se da con el tiempo. Dios no espera que usted sea perfecto. Él no espera que usted lo sepa todo. Él simplemente quiere que usted siga avanzando con Él un paso a la vez. Él quiere mostrarle su bondad y ser parte de su vida diaria. Quizá lo sienta extraño al principio, pero como con cualquier relación nueva, entre más tiempo invierta con Él, más cómodo se volverá. Por eso es que escribí este libro: ¡para ayudarlo a conectarse con Dios y aprender acerca de sus caminos!

Hoy, sepa que Dios es mayor que su pasado, sus decepciones y sus problemas. Probablemente haya cometido muchos errores, pero Dios puede voltear esas cosas. La gente quizá lo haya lastimado, pero si confía en Dios, Él lo restaurará. Permanezca enfocado en la nueva vida que usted tiene con Él. Considérelo como un cambio de estación. Cuando el invierno se convierte en primavera, se va lo viejo y lo nuevo comienza. El pasado posiblemente haya sido frío y monótono. Es probable que sus sueños hayan estado dormidos y ocultos. ¡Pero ahora es primavera! La primavera simboliza un nuevo comienzo. ¡Es tiempo para nuevo crecimiento y multiplicación!

Quizá no vea todos los cambios que quiere de inmediato, pero recuerde: uno tampoco ve la plenitud de la primavera instantáneamente. Toma tiempo para que vuelvan a crecer las hojas y se abran los botones. No sucede todo a un tiempo, y así tampoco las cosas con Dios. Simplemente confíe en que Él está trabajando para traer bien en cada área de su vida.

A medida que usted lee estás páginas, esté abierto a lo que Dios revelará a su corazón. En la Parte uno, le brindo ocho claves para permanecer conectado con Él y viviendo su vida en la plenitud de sus bendiciones y favor. En la Parte dos, le ayudaré a confrontar lo que con frecuencia es el mayor obstáculo para permanecer conectado con Dios: permitir que su pasado sea una barrera entre usted y la senda de nuevos comienzos con Él. Luego en la Parte tres, estoy emocionado de brindarle el tesoro de una mirada al interior del fundamento y mayor fuente de inspiración de su relación con Dios: vivir por el poder de la Palabra de Dios y sus promesas para cada una de sus necesidades.

Sin importar lo que esté sucediendo en su vida diaria, siga haciendo tiempo para Él de modo que su relación pueda crecer fuerte y pueda caminar en la plenitud de la bendición que Él ha preparado para usted.

*Es probable que sus
sueños hayan estado
dormidos y ocultos.
¡Pero ahora es primavera!
La primavera simboliza
un nuevo comienzo.
¡Es un tiempo para
un nuevo crecimiento
y multiplicación!*

PARTE UNO

CLAVES *para* MANTENERSE CONECTADO *con* DIOS

No importa cómo luzcan sus circunstancias presentes, hoy es un día completamente nuevo y Dios quiere renovarlo en su vida y en su relación con Él todos los días. Él ha colocado semillas de grandeza dentro de usted que están a punto de brotar. Quiere darle una visión nueva y fresca para su vida, que esté llena de sus bendiciones y su favor en maneras asombrosas. Pero depende de usted responder a Él. ¡Estas son ocho claves para que se mantenga conectado con Él que le prometen llevar su vida a un nivel completamente nuevo y hacer todas las cosas nuevas en su vida!

SIEMPRE BUSQUE y ESPERE *la* BONDAD *de* DIOS

*Toda buena dádiva y todo
don perfecto desciende de lo
alto, del Padre de las luces.*

SANTIAGO 1:17

Siempre busque y espere la bondad de Dios

Así como el sol irradia calor, Dios irradia bondad. No es lo que Él hace; es quién es Él. La misma naturaleza de Dios es buena.

Es importante que reconozcamos la bondad de Dios. La Escritura dice que *toda* buena dádiva proviene de nuestro Padre celestial, tanto grandes como pequeñas.

Demasiadas veces, Dios está trabajando en nuestra vida, mostrándonos favor, protegiéndonos, enviándonos sanidad, pero no reconocemos su bondad. No dé las cosas por sentadas. No fue una coincidencia que haya conocido a su cónyuge y se haya enamorado. Dios estaba dirigiendo sus pasos. No fue una oportunidad afortunada lo que le hizo obtener ese trabajo. Fue la mano del favor de Dios. El hecho de que sus hijos estén fuertes y saludables no es solamente buena fortuna. Ese es Dios siendo bueno con usted. A lo largo del día deberíamos estar diciendo: "Gracias, Señor, por tu bondad. Gracias por mi salud. Gracias por mi cónyuge. Gracias por las oportunidades y buenas ocasiones que me has dado".

Usted necesita buscar y esperar la bondad de Dios. Nuestra actitud debería ser: *¡No puedo esperar a ver lo que va a hacer Dios hoy!* Cualquier cosa buena que suceda en su vida, sea rápido en darle el crédito a Dios. Quizá sea algo pequeño. Quizá de pronto haya tenido una buena idea. "Señor, gracias por esa idea. Sé que provino de Ti". Si usted termina un proyecto más pronto y fácilmente de lo esperado: "Señor, gracias por tu gracia con ese proyecto". Dios constantemente está trabajando, mostrándonos su bondad, pero con demasiada frecuencia no lo reconocemos. Estamos esperando las cosas grandes y espectaculares.

La Escritura dice toda buena dádiva proviene de nuestro Padre celestial, tanto grandes como pequeñas.

Siempre que suceda algo bueno, le voy a dar gracias a Dios. Cuando veo favor: "Gracias, Señor". Cuando se me recuerda acerca de algo que necesito hacer: "Gracias, Señor". Cuando alguien me deja entrar a la vía rápida: "Gracias, Señor". Cuando la temperatura baja menos de 100°F [37,78°C] en Houston: "Gracias, Señor". Cuando soy protegido: "Gracias, Señor". Cuando veo victoria: "Gracias, Señor". Estoy hablando acerca de vivir con una actitud de agradecimiento y acción de gracias. Dios bendice una actitud agradecida.

Cuando algo bueno sucede, usted está viendo a Dios. Asegúrese de agradecerle por ello. Asegúrese de darle el crédito. Probablemente no piense que Dios esté haciendo algo en su vida, pero Dios está constantemente mostrándonos su bondad. Mi pregunta es: ¿Lo está reconociendo? Mire a su alrededor esta semana. Esté más alerta. Salmo 34:8 dice: "Gustad, y ved que es bueno Jehová". Si usted va a probar la bondad de Dios, tiene que darse cuenta de que cada buena oportunidad, cada vez que fue protegido, cada puerta que se abrió y cada ventaja que alguna vez ha obtenido ha sido Dios trabajando en su vida. No lo dé por sentado.

Escuché acerca de cierto hombre que estaba conduciendo en un estacionamiento lleno tratando de encontrar un lugar, dando y dando vueltas. Se frustró tanto que finalmente dijo: "Dios, si me das un lugar para estacionarme voy a ir a la iglesia cada domingo". Justo en ese momento, de inmediato, un coche echó marcha atrás, y mientras se estacionaba dijo: "Ya no te preocupes, Dios. Acabo de encontrar un lugar". Así somos muchas veces. Se nos olvida que toda buena dádiva proviene de Dios.

Si usted va a probar la bondad de Dios, tiene que darse cuenta de que cada buena oportunidad, cada vez que fue protegido, cada puerta que se abrió y cada ventaja que alguna vez ha obtenido ha sido Dios trabajando en su vida.

Cada uno de nosotros puede ver en retrospectiva y recordar las veces que Dios nos protegió, nos libró de un accidente, nos dio una promoción, nos hizo estar en el lugar correcto en el momento oportuno o que abrió un camino cuando no parecía haber uno. No se canse de agradecerle a Dios su bondad. Recuerde sus victorias. Dígale a la gente a su alrededor acerca de ellas. Manténgase presumiendo la bondad de Dios. Entre más se jacte de la bondad de Dios, más bondad de Dios verá.

Demasiadas veces hoy, en lugar de recordar nuestras victorias, estamos recordando nuestras derrotas, nuestros fracasos, nuestras decepciones. Cuando recordamos lo que Dios ha hecho por nosotros, provoca que la fe se eleve en nuestro corazón. Sabemos que si Dios lo hizo por nosotros antes, ciertamente lo hará por nosotros otra vez.

Lo aliento a hacer tres cosas:

1. *Espere* la bondad de Dios. Levántese todos los días buscando el favor de Dios.

2. *Reconozca* la bondad de Dios. No hay coincidencias, no existen los golpes de suerte. Es la bondad de Dios.

3. Siempre *agradézcale* a Dios por su bondad. Siempre que suceda algo bueno, grande o pequeño, sea pronto para agradecerle a Dios por ello. Viva con una actitud de gratitud y alabanza.

Si usted hace estas cosas, usted experimentará más de la bondad de Dios y su favor, y su vida subirá a un nivel completamente nuevo.

Plan de acción

Pero sed hacedores de la palabra,
y no tan solamente oidores...

SANTIAGO 1:22

1. Hágase el hábito de agradecerle a Dios a lo largo del día por cada bendición, grande y pequeña.

2. Comience un "Diario de bendiciones" y anote cada bendición significativa, avance o promoción que Dios traiga a su camino. Cuando se sienta tentado a desanimarse, repase el diario y recuerde todo lo que Dios ha hecho en su vida.

3. Salmo 9:11 nos dice que publiquemos las obras de Dios entre los pueblos. Dígale a otros acerca de las cosas buenas que Dios hace en su vida y dele el crédito. Los animará y los fortalecerá en su fe y darán gloria a Dios.

MANTENGA *a* DIOS *en el* PRIMER LUGAR *de* SU VIDA

*[Dios] recompensa a los que
lo buscan con sinceridad.*

HEBREOS 11:6, NTV

Mantenga a Dios en el primer lugar de su vida

La mayor clave para vivir una vida llena de las bendiciones y el favor de Dios es mantener a Dios en el primer lugar de su vida. Cuando usted pone a Dios en el primer lugar y hace que su más alta prioridad sea agradarlo, usted puede esperar vivir una vida bendecida y plena. La Escritura declara: "[Dios] recompensa a los que lo buscan con sinceridad" (NTV). Observe a quién recompensa Dios. No a las personas que lo buscan a medias, ni a los que lo buscan cuando tienen un problema ni a los que van a la iglesia en raras ocasiones. Dios recompensa a las personas que lo buscan *con sinceridad.* Salmo 34:10 añade: "...los que buscan a Jehová no tendrán falta de ningún bien". Cuando usted busca a Dios diariamente con todo su corazón, no podrá ir un paso adelante de las cosas buenas de Dios.

Lo interesante con respecto a una recompensa es que es depositada antes de que alguien la reclame. Justo en este momento, hay recompensas para quien atrape a ciertos fugitivos que están sueltos.

El dinero ya se encuentra en un fondo esperando que alguien se presente y lo reclame. Todo lo que tienen que hacer es encontrar al fugitivo, y el dinero será liberado de ese fondo. Del mismo modo, Dios tiene una recompensa que ya ha sido depositada. Solo está esperando ser liberada. El único truco es que tenemos que cumplir con las exigencias de la recompensa. Dios lo pone muy fácil: "Ni siquiera tienes que encontrarme. Si solamente me *buscas*—si te levantas en la mañana y me agradeces, lees mi Palabra y haces un esfuerzo por agradarme—te daré la recompensa".

Jesús dijo en Mateo 6:33: "Mas buscad *primeramente* el reino de Dios y su justicia, y todas estas cosas os serán añadidas". Observe la clave: buscad *primeramente* el Reino. En otras palabras, no busque la bendición; busque al que bendice. No sea consumido por las cosas. No vaya en pos de dinero, fama, fortuna o que esto o aquello sean más grandes. Vaya en pos de Dios. Si busca al que bendice, Él promete que todas estas cosas le serán añadidas. No unas pocas cosas; *todas* estas cosas. Dios es un Dios de abundancia. Cuando lo mantiene a Él en primer lugar, no será capaz de contener todas las cosas buenas que Él traerá a su camino. En lugar de perseguir las bendiciones, las bendiciones lo perseguirán a usted.

Algunas veces nos levantamos en la mañana y pensamos: *Hoy no tengo ganas de leer mi Biblia. No me apetece ir a la iglesia. Estoy cansado.* Pero una vez que desarrolla el hábito y ve el beneficio de cómo se siente refrescado y restaurado, de cómo toma mejores decisiones y cuenta con el favor de Dios, usted pensará: *No me puedo dar el lujo de no hacerlo.* Usted caerá en cuenta de que invertir tiempo con Dios es vital para vivir una vida victoriosa.

Los últimos meses en la vida de mi padre estuvo sometido a

diálisis. Tres veces a la semana durante cuatro horas al día tenía que ir a la clínica para que le limpiaran la sangre. Había veces en las que no sentía ganas de ir. Estaba cansado o estaba ocupado o quería hacer otra cosa. Pero eso no importaba; de todos modos iba. ¿Por qué? Su vida dependía de ello. No era una opción. Era vital. A mi padre le encantaba viajar por todo el mundo, pero cuando comenzó con la diálisis, tuvo que cambiar sus planes y reordenar sus prioridades. Él sabía lo importante que era la diálisis para él.

Esa es la manera en la que necesitamos valorar buscar a Dios. Lo requerimos como una necesidad vital. Cuando las cosas se pongan ajetreadas, los niños lo necesiten, en la oficina todo se complique, tenga miles de cosas que hacer, usted tiene que pararse firme y decir:

No sea consumido por las cosas. No vaya en pos de dinero, fama, fortuna o que esto o aquello sean más grandes. Vaya en pos de Dios.

"No, esta no es una opción. Si voy a ser fuerte, si voy a ser lo mejor que pueda ser hoy, si voy a tener el favor de Dios, necesito reordenar mis prioridades para que pueda pasar tiempo con Dios".

Probablemente tenga que levantarse más temprano; antes de que los niños lo necesiten, antes de revisar su correo electrónico, antes de que el teléfono comience a repicar. Tome tiempo para invertir en su bienestar espiritual. Alimentamos nuestro cuerpo físico por lo menos con tres comidas al día, pero con frecuencia alimentamos nuestro espíritu solo una vez a la semana. Nos preguntamos por qué nos sentimos agotados, sin entusiasmo y nos faltan favor, sabiduría y creatividad. Es porque no estamos tomando el tiempo de volvernos a llenar. Así como alimentamos a nuestro hombre físico, necesitamos alimentar a nuestro hombre espiritual. Cuando invierte en su bienestar espiritual, recibe enormes dividendos en su vida.

En la presencia de Dios hay plenitud de gozo, plenitud de paz, plenitud de victoria.

La Escritura dice que en la presencia de Dios hay plenitud de gozo, plenitud de paz, plenitud de victoria. Allí es donde usted es refrescado y restaurado. Tome tiempo al inicio de cada día para sentarse en silencio en su presencia, orar y leer su Biblia. En la actualidad, la vida puede ser muy ajetreada, alocada y ruidosa. Pero cuando está a solas con Dios y lo pone como lo primero, el resto de su día irá mucho mejor. A lo largo del día, medite en las promesas de Dios. Ponga un poco de buena música de alabanza. Si usted lo busca con sinceridad, cosechará ricas recompensas y vivirá la vida abundante que Él tiene para usted.

Plan de acción

Pero sed hacedores de la palabra,
y no tan solamente oidores...

Santiago 1:22

1. Trate de pasar por lo menos los primeros treinta minutos con Dios cada mañana, leyendo su Palabra, orando, poniéndolo a Él antes que el trabajo o que otras prioridades.

2. Reconozca a Dios a lo largo del día, agradeciéndole por sus bendiciones y buscando su dirección y sabiduría.

3. Desarrolle el hábito de detenerse a orar y a buscar la voluntad de Dios antes de tomar cualquier decisión importante.

DEJE IR *las* EXPERIENCIAS NEGATIVAS

Olvidando ciertamente lo que queda atrás [...] prosigo...

FILIPENSES 3:13–14

Deje ir las experiencias negativas

Todos pasamos por decepciones, reveses y pruebas que no entendemos. Probablemente oró por un ser querido, pero no se recuperó. Se mantuvo en fe por una relación, pero no resultó. Hizo lo mejor que pudo en su trabajo o en su negocio, pero las cosas no salieron como las planeó. Una de las mejores cosas que puede hacer es soltarlo. Dejarlo ir.

No podemos caminar en victoria y recibir todo lo que Dios tiene en nuestro futuro si no aprendemos a soltar las experiencias negativas. Cuando nos aferramos a esas experiencias, permaneciendo en pensamientos y emociones negativas, preguntándonos por qué no resultó, le abre la puerta a la amargura, el resentimiento y la autocompasión. Comenzamos a culpar a otros, a nosotros mismos o incluso a Dios. Quizá no lo entendamos. Posiblemente no haya sido justo. Pero cuando se lo entregamos a Dios como un acto de fe, le permitimos moverse en nuestra vida y trabajar en nuestras circunstancias negativas para nuestro bien. Nuestra posición debería ser: "Dios, confío en ti. Sé que Tú estás en control. Aunque las cosas no salieron a mi favor, Tú dijiste que todas las cosas me ayudan a bien. Así que creo que todavía tienes algo bueno en mi futuro". Hay poder en dejar ir las cosas.

No podemos caminar en victoria y recibir todo lo que Dios tiene en nuestro futuro si no aprendemos a soltar las experiencias negativas.

Pudiera ser que ha pasado por una decepción. No fue justo. Usted no lo comprende. Fácilmente podría amargarse, vivir resentido y renunciar a sus sueños. No, Dios está obrando en su vida en este momento. Él está dirigiendo sus pasos.

Lo que usted pensó que era un revés era solamente un posicionamiento para un regreso. Dios lo está poniendo en una posición para llevarlo a un nuevo nivel de su destino. Ahora usted necesita entrar en acuerdo con Dios. Sacúdase la autocompasión. Sacúdase la decepción. Deje de pensar que Dios lo ha decepcionado y que no responde sus oraciones. No, Dios lo tiene en las palmas de sus manos. Él lo está dirigiendo a cada paso del camino.

Posiblemente no haya sido justo, pero Dios es justo. Si usted lo deja ir y avanza, Dios ha prometido compensarle por las cosas injustas que le han sucedido. Mientras se esté aferrando a lo viejo, lo va a estorbar para lo nuevo.

Hay algunas situaciones que enfrentamos para las que no hay una explicación lógica. Usted tiene que ser lo suficientemente grande para decir: "No entiendo porque pasó esto, pero estoy bien con no entender por qué. No tengo que tener todas las respuestas. Tú eres Dios, y yo no. Tus caminos no son mis caminos. Y como estás dirigiendo mis pasos, no voy a gastar otro minuto tratando de dilucidar todo lo que suceda a lo largo del camino". Esa es una manera bastante liberadora de vivir.

Si usted va por la vida tratando de dilucidar por qué sucedió algo malo, por qué no funcionó, va a provocar que usted esté amargado, frustrado y confundido. Va a envenenar su vida. Si Dios quiere que usted sepa *por qué*, Él es Dios y le va a decir. Pero si no se lo está revelando, usted necesita dejarlo en paz. Hay algunas cosas que Dios no quiere que usted sepa. En Proverbios 25:2, NTV, dice: "Es privilegio de Dios ocultar un asunto". Si usted va a confiar en Dios, tiene que aceptar que van a haber preguntas sin respuestas.

Adónde va es mucho más importante que dónde ha estado. Pero si se mantiene enfocado en el pasado, se quedará atorado justo donde está.

No todo va a encajar perfectamente en nuestra teología, pero podemos volver al tema central de quién es Dios. Dios es bueno. Dios es amoroso. Dios es benigno. Dios es justo. Dios es recto.

Su coche tiene un parabrisas grande al frente y un espejo retrovisor muy pequeño. La razón es porque su pasado no es ni remotamente tan importante como lo que está en su futuro. Adónde va es mucho más importante que dónde ha estado. Pero si se mantiene enfocado en el pasado, se quedará atorado justo donde está.

Si un sueño ha muerto, sueñe otro sueño. No permita que un

revés defina quién es usted. No permita que una traición, un error, un divorcio o una bancarrota arruinen el resto de su vida.

Eso no es quién es usted. Ese es solamente otro paso en el camino a su destino divino. Ahora, déjelo ir y avance hacia el nuevo comienzo que Dios tiene preparado. Deje de llorar por algo que no puede cambiar. No ponga un signo de interrogación donde Dios ha puesto un punto. Si Dios puso un punto allí, no desperdicie otro minuto preguntándose por qué, tratando de entender, refocilándose en autocompasión y derrota. Ese capítulo ha terminado por completo.

Este es un nuevo día. Dios tiene otra oportunidad frente a usted. Tiene otra relación, otro negocio, otro avance, otra victoria. Avance a lo nuevo.

Plan de acción

Pero sed hacedores de la palabra,
y no tan solamente oidores...

SANTIAGO 1:22

1. Identifique cualquier pensamiento negativo de su pasado al que quizá se haya aferrado—dolor, amargura, culpa, fracasos, etc.— y con toda intención entrégueselo a Dios en oración. Déjelo ir y determine en su corazón no pensar más en ello.

2. En su corazón, perdone a cualquiera que lo haya herido, no por beneficio de ellos sino por el de usted. No perdonar es como beber veneno y esperar que la otra persona se muera. Solamente lo lastima a usted. Entréguele a Dios a esas personas y lo que le hicieron. Él es más que capaz de encargarse de ello.

USE SUS PENSAMIENTOS *para* ALCANZAR *la* VICTORIA

*Concéntrense en todo lo que es
verdadero [...] honorable [...]
justo [...] puro [...] bello [...]
admirable. Piensen en cosas
excelentes y dignas de alabanza.*

FILIPENSES 4:8, NTV

Use sus pensamientos para alcanzar la victoria

Nuestra mente es como el centro de control de nuestra vida. Cada decisión que tomamos y cada acción que realizamos comienza con un pensamiento. Nuestros pensamientos determinan en muy buena parte la dirección de nuestra vida. Si vamos a vivir una vida de victoria, tenemos que pensar los pensamientos correctos.

Isaías 26:3 dice que si mantenemos nuestra mente fija en Dios, el nos guardará en completa paz. Dios nos ha dado la manera de tener completa paz: Mantener nuestros pensamientos fijos en Él. No podemos pasar el día pensando: *Espero que mi hijo se enderece. ¿Qué va a pasar si me despiden? Podría no sobrevivir a esta enfermedad.* Cuando permanecemos en ese tipo de pensamientos, no vamos a tener paz. Meditar en el problema no lo mejora; lo empeora.

Necesitamos prestar atención a lo que estamos pensando. Durante el día, debemos ir por allí pensando: *Dios me tiene en las palmas de sus manos. Todas las cosas me van a ayudar a bien.*

Este problema no vino para quedarse; vino de pasada. Muchas son las aflicciones del justo, pero de todas ellas le librará el Señor.

El apóstol Pablo entendió este principio. Dijo en Hechos 26:2: "Me tengo por dichoso" o: "Me considero afortunado", de presentar mi defensa legal de la fe cristiana delante del rey Agripa. Dado el hecho de que Pablo podía finalmente morir en defensa de su fe a causa de las acusaciones en su contra presentadas por los judíos de Jerusalén, muchas personas se hubieran deprimido si hubieran estado en sus zapatos. Están tan enfocados en sus problemas, que se consideran a sí mismos desalentados.

Dios nos ha dado la manera de tener completa paz: Mantener nuestros pensamientos fijos en Él.

Ven tantos reportes noticiosos, que se piensan a sí mismos asustados. Las buenas nuevas son que así como usted se puede tener por deprimido, temeroso o negativo, usted se puede considerar feliz. Usted puede pensarse lleno de paz. Incluso usted puede tenerse por una persona de mejor humor.

No pase el día pensando en sus problemas, meditando en la persona que lo ofendió. Eso lo va a mantener desanimado. Necesita comenzar a usar sus pensamientos para ser feliz. Durante todo el día, usted debería pensar: *Mi mejores días están delante de mí. Algo grande vienen en camino. Lo que ha sido pensado para mi mal, Dios lo va a usar a mi favor. Mis mayores victorias todavía están en mi futuro.*

Piense pensamientos de poder a propósito. *Soy fuerte. Soy saludable. Soy bendecido.* Cuando se levante en la mañana y esos pensamientos negativos vengan: *No quiero ir a trabajar hoy. Tengo tantos problemas. Hay tantas cosas en mi contra.* Más que nunca usted necesita activarse. *Este va a ser un día excelente. Este es el día que hizo el Señor. Estoy emocionado por mi futuro. Algo bueno me va a suceder hoy.*

Esta es la clave: Nunca comience el día en neutral. No puede esperar a ver qué tipo de día va a ser; usted tiene que *decidir* qué tipo de día va a ser. Cuando se haya levantado de la cama en la mañana—antes de ver las noticias, revisar el clima, tratar de averiguar cómo se siente—usted necesita poner su mente en la dirección correcta. *Este va a ser un día excelente.*

Si usted no establece qué va a pensar, el enemigo lo decidirá por usted. Con mucha frecuencia, la manera en que co-

> *Recuerde que usted se va a convertir en lo que piense. Proverbios 23:7 dice que cual es el pensamiento del hombre en su corazón, tal es él.*

menzamos el día determina el tipo de día que vamos a tener. Si usted lo comienza negativo, desanimado y quejándose, está estableciendo el tono para un día pésimo. Tiene que hacer que su mente vaya en la dirección correcta. Su vida seguirá sus pensamientos.

No nos levantaremos más alto que nuestros pensamientos. Por eso es que nuestra mente es el objetivo número uno del enemigo. El enemigo es llamado "el acusador de los hermanos". Tratará de recordarnos todos nuestros errores, fracasos y deficiencias. Pero así como tenemos un control remoto para cambiar los canales de nuestra televisión, necesitamos cambiar los canales de nuestra mente cuando vengan esos pensamientos negativos de condenación. Cuando venga a nuestra mente cualquier pensamiento que sea contrario a la Palabra de Dios, deberíamos rechazarlo de inmediato y reemplazarlo con la verdad de la Palabra de Dios. Dios ha puesto semillas de grandeza dentro de usted. Él no hace nada promedio o mediocre. Pero para alcanzar todo su potencial, su mente tiene que entrar en acuerdo con lo que Él dice de usted.

Le estoy pidiendo que se deshaga de los pensamientos equivocados que contaminan su mente y que comience a meditar en lo que Dios dice de usted. Si usted llena su mente con los pensamientos correctos, no habrá espacio para los pensamientos equivocados. Cuando usted va por allí pensando constantemente: *Soy fuerte. Soy saludable. Soy bendecido. Tengo el favor de Dios*, entonces cuando los pensamientos negativos vengan a llamar a la puerta encontrarán un letrero de "No hay vacantes", o: "Disculpe, no hay lugar para usted". Y no podrán entrar.

Recuerde que usted se va a convertir en lo que piense. Proverbios 23:7 dice que cual es el *pensamiento* del hombre en su corazón, tal es él. Levántese cada mañana y ponga su mente en la dirección correcta. No medite en el problema; medite en las promesas de la Palabra de Dios. Aprenda a usar sus pensamientos para ser feliz. Piénsese lleno de paz. Considérese victorioso. La victoria comienza en nuestros pensamientos.

Si usted desarrolla este hábito de disciplinar su mente para pensar los pensamientos correctos y meditar en lo que Dios dice, usted tendrá más paz y más del favor y victoria de Dios en cada área de su vida. Y yo creo y declaro que usted vencerá cada obstáculo y se convertirá en todo lo que Dios creó que usted fuera.

Plan de acción

Pero sed hacedores de la palabra,
y no tan solamente oidores...

Santiago 1:22

1. Estudie y medite los versículos del Apéndice 3 sobre cómo manejar sus pensamientos con el fin de obtener un mejor entendimiento de este principio.

2. Durante los 30 días siguientes, preste especial atención a sus pensamientos. Entrénese para rechazar rápidamente los pensamientos negativos, llenos de temor, duda o que de alguna otra manera sean contrarios a la Palabra de Dios y reemplácelos con pensamientos positivos de fe, victoria y agradecimiento.

PROTEJA SU VISIÓN

Sin visión profética el

pueblo perecerá…

Proverbios 29:18, JBS

Proteja su visión

Todos tenemos visión. Cada uno de nosotros tenemos una imagen de nosotros mismos, de nuestra familia y de nuestro futuro. La pregunta es: ¿Cómo es esa imagen? ¿Se ve usted a sí mismo levantándose más alto, venciendo obstáculos y viviendo una vida abundante? ¿O tiene una imagen de usted mismo batallando, derrotado, adicto, con sobrepeso y nunca obteniendo buenas oportunidades? Las imágenes que permita en su mente determinarán qué tipo de vida viva. Usted tiene que proteger su visión. Si su visión es limitada, su vida será limitada. Proverbios 23:7 dice que cual es el pensamiento del hombre en su corazón, tal es él.

Atrévase a soñar otra vez. Atrévase a tener una gran visión para su vida y confíe en Dios para que la haga realidad.

Antes de que su sueño pueda realizarse, usted necesita verse a sí mismo logrando ese sueño. Tiene que tener una imagen de él.

Antes de que adelgace o rompa la adicción, usted tiene que verlo sucediendo en su imaginación. Las imágenes que mantenga delante de usted—su visión—no solamente caen dentro de su espíritu sino que entran a su mente subconsciente. Una vez que algo está en el subconsciente, lo atraerá a ello como la gravedad, sin siquiera pensar en ello.

Muchas personas tienen imágenes negativas en su mente subconsciente. Se ven a sí mismas débiles, derrotadas, inferiores y preguntándose por qué se sienten como si hubiera algo que siempre los estuviera deteniendo. Siempre es una lucha. Nunca se sienten bien con respecto a sí mismos. Es porque tienen las imágenes equivocadas. Si usted cambia esas imágenes y comienza a verse en la manera en que Dios lo ve—bendecido, próspero, saludable, fuerte, talentoso, exitoso—en lugar de que haya algo que lo esté deteniendo, tendrá algo que lo estará empujando. Usted avanzará hacia la bendición, el favor, la promoción y el incremento. Nuestra imaginación es increíblemente poderosa.

¿Se ve usted a sí mismo levantándose más alto, venciendo obstáculos y viviendo una vida abundante?

Dios dijo de la gente que estaba construyendo la Torre de Babel: "…nada les hará desistir ahora de lo que han pensado hacer" (Génesis 11:6). Una vez que usted obtiene una imagen de algo, sea buena o mala, va a avanzar hacia ello.

Hace varios años, se acercó una dama al frente para recibir oración. Acababa de pasar por un divorcio doloroso. Su esposo de muchos años la había dejado por otra mujer. Ella estaba llorando y diciéndome todas las razones por las que ella nunca conocería a nadie más, cómo era demasiado vieja y poco atractiva, y más y más; nada de lo cual era cierto. Le pedí que hiciera algo para ayudarla a obtener una nueva visión. Le dije: "Consígase un portarretratos y póngalo en la mesa junto a su cama sin una fotografía, solo un marco vacío. Cada vez que usted vea ese marco, imagínese una fotografía de usted con la nueva persona que Dios va a traer a su vida".

Como un acto de fe, ella puso el portarretratos allí. Cada vez que ella lo veía le empezaba a dar gracias a Dios de que estaba dirigiendo sus pasos, trayendo a la persona correcta a su vida, dándole una corona en vez de cenizas. De este modo se deshizo de la imagen de derrota, de estar solitaria y deprimida. Comenzó a verse plena y llena de gozo con la persona de sus sueños.

Tres años después volvió al frente. Nuevamente estaba llorando, pero esta vez eran lágrimas de alegría. Me dijo que el apuesto caballero a su lado era el hombre al que ella veía en su portarretratos y que se iban a casar el fin de semana siguiente.

¿Qué hay en su portarretratos? ¿Qué es lo que ve cuando ve hacia su futuro? ¿Más de lo mismo? "He llegado a mi límite. Mi negocio nunca va a tener éxito. Siempre estaré solitario, tendré sobrepeso, no dejaré de ser adicto". Eso lo va a mantener donde está. Necesita cambiar lo que está en el marco. Necesita poner una nueva imagen allí. Comience a verse a sí mismo fuerte, apuesto (o hermosa), exitoso, pleno. Su vida no va a cambiar hasta que cambie la imagen.

Proverbios 29:18 (JBS) dice: "Sin visión profética el pueblo perecerá". No dice que donde no haya dinero, donde no haya oportunidad o donde no haya talento. Lo que nos limita es una falta de visión. Atrévase a soñar otra vez. Atrévase a tener una gran visión para su vida y confíe en Dios para que la haga realidad. No tiene que dilucidar cómo va a suceder. Todo lo que tiene que hacer es creer. Un toque del favor de Dios puede traer cualquier sueño a cumplimiento. Pero tiene que verlo en su interior antes de que se haga realidad en el exterior.

Quizá haya pasado por decepciones, pero este es un nuevo día. Sus mayores victorias todavía están en su futuro. Obtenga una visión fresca y nueva de victoria para su vida, y un día en lugar de solo tener un sueño, estará viviendo el sueño. Su visión se volverá realidad.

Plan de acción

Pero sed hacedores de la palabra,
y no tan solamente oidores...

SANTIAGO 1:22

1. Habacuc 2:2 dice: "Escribe la visión, y declárala en tablas". Invierta tiempo a lo largo de la siguiente semana orando por su visión para su vida y escribiéndola. Sea tan específico y detallado como sea posible. ¿Cuál es su visión para su vida espiritual? ¿Relaciones? ¿Carrera? ¿Finanzas? ¿Salud? ¿Otras áreas de su vida? Asegúrese de que su visión sea lo suficientemente grande como para requerir la ayuda de Dios para cumplirse. No se requiere fe para lograrlo por su propia cuenta.

2. Si usted es una persona visual, recorte fotografías de revistas que representen su visión para su vida. Colóquelas en su nevera o en su baño. O use las imágenes para hacer un collage de "visión de vida" para brindarse un visual inspirador al cual vincular su fe.

3. Si usted está batallando con una enfermedad, como mi mamá cuando tuvo cáncer de hígado con metástasis, ponga alrededor de la casa fotografías de sí mismo cuando era saludable y haciendo actividades que disfrutaba. Eso lo ayudará a tener una visión de usted mismo saludable y nuevamente restaurado.

USE *el* PODER *del* "YO SOY"

El hombre será saciado de
bien del fruto de su boca…

PROVERBIOS 12:14

CLAVE #6

Use el poder del "Yo soy"

Los que sigue a las dos palabras sencillas "Yo soy" determinará el tipo de vida que usted viva. "Yo soy bendecido. Yo soy fuerte. Yo soy una persona saludable". O: "Yo soy lento. Soy poco atractivo. Soy una madre terrible". Los "yo soy" que salgan de su boca le traerán ya sea éxito o fracaso. A lo largo de todo el día el poder del "yo soy" está en operación.

Cometemos un error y decimos: "Soy tan torpe". Nos vemos en el espejo: "Estoy tan viejo".

Vemos a una persona con mucho talento: "Soy tan promedio". Quedamos atrapados en el tráfico: "Yo soy una persona tan desafortunada".

Muchas veces usamos el poder del "yo soy" en nuestra contra. No nos damos cuenta cómo está afectando nuestro futuro.

Este es el principio: Lo que siga al "yo soy" siempre vendrá a buscarlo. Por eso es que usted necesita tener cuidado con lo que dice después de "yo soy". Jamás diga: "Yo soy tan poco afortunado. Nunca recibo buenas oportunidades". Usted está haciéndole una invitación a las decepciones. "Estoy tan quebrado. Estoy muy endeudado". Así es como invita a la escasez.

Nuestra actitud debería ser: "Soy aprobado por el Dios todopoderoso. Soy acepto. Soy una obra maestra".

Usted necesita enviar algunas nuevas invitaciones. Levántese por la mañana e invite cosas buenas a su vida. "Yo soy bendecido. Soy fuerte. Soy talentoso. Soy disciplinado. Estoy enfocado. Soy próspero".

¿Qué tipo de "yo soy" están saliendo de su boca? Cuando expresa los "yo soy" correctos, usted está invitando la bondad de Dios. La palabras tienen poder creativo. Con sus palabras usted puede bendecir o maldecir su futuro.

Las palabras son como la electricidad. Usada en la manera correcta, la electricidad es sumamente útil, provee de energía para la luz, el aire acondicionado y todo tipo de cosas buenas. Pero la electricidad, usada de manera incorrecta, puede ser sumamente peligrosa y dañarnos. Es lo mismo con nuestras palabras. Proverbios 18:21 dice: "La muerte y la vida están en poder de la lengua".

No utilice sus palabras para describir sus circunstancias; úselas para *cambiar* sus circunstancias. Utilice sus palabras para bendecir su futuro, no para maldecir su futuro. Joel 3:10 dice: "*Diga el débil: Fuerte soy*". Observe que quizá son débiles, pero se supone que deben decir: "Fuerte soy". Y no: "Estoy tan cansado. Estoy tan agotado". Eso está llamando y atrayendo las cosas equivocadas. Dios les dice que declaren lo que quieren, no lo que son sus circunstancias presentes.

Diga el pobre: "Soy próspero" y no: "Estoy quebrado". Que el enfermo diga: "Estoy saludable, fuerte y lleno de vida".

Si está teniendo dificultades con sus finanzas, no vaya por allí diciendo: "El negocio está tan lento. La economía está tan mal. Nunca va a funcionar".

Jesús dijo en Marcos 11:23: "Lo que diga le será hecho". Eso funciona en lo positivo o en lo negativo. Por fe usted tiene que decir: "Yo soy bendecido. Tengo éxito. Estoy rodeado del favor de Dios".

Quizá haya permitido que lo que le dijo alguien—un entrenador, un maestro, uno de sus padres, un excónyuge—lo detenga. Ellos plantaron estas semillas negativas de lo que usted no puede hacer. "No eres suficientemente inteligente. No tienes mucho talento. No eres suficientemente disciplinado. No eres muy atractivo que digamos. Siempre obtienes las notas mínimas. Siempre será un mediocre. Siempre batallarás con tu peso". No, deshágase de esas mentiras. Ese no es usted.

> *Los que sigue a las dos palabras sencillas "yo soy" determinará el tipo de vida que usted viva.*

Usted es quien dice Dios que usted es. Salmo 107:2 dice: "Díganlo los redimidos de Jehová". Dios quiere que usted "lo diga"; que tenga iniciativa y que declare con su boca lo que dice su Palabra acerca de usted. Si usted no lo dice, el enemigo lo dirá y otras personas lo dirán.

La gente quizá ha tratado de desanimarlo y de decirle quién no puede ser usted o en qué no puede convertirse. Que eso le entre por un oído y le salga por el otro. Lo que alguien más dijo acerca de usted no determina su destino: Dios sí. Usted necesita conocer quién es usted y quién no es usted. En otras palabras: "Yo no soy quien dice la gente que soy; yo soy quien dice Dios que soy. No soy la cola; soy la cabeza. No soy un deudor; soy alguien que presta. No soy maldito; soy bendecido".

Antes de que nadie pudiera poner una maldición sobre usted, Dios puso una bendición en usted.

Antes de que fuera formado en el vientre de su madre, Dios lo conoció y lo aprobó.

Cuando Dios lo hizo, dijo: "Me gusta. Eso es bueno. ¡Otra obra maestra!". Y selló su aprobación sobre usted.

Otras personas quizá traten de no aprobarlo, pero no vaya por ahí sintiéndose inseguro o inferior. Nuestra actitud debería ser: *Soy aprobado por el Dios todopoderoso. Soy acepto. Soy una obra maestra.* Cuando habla así, las semillas de grandeza que Dios ha puesto dentro de usted comenzarán a brotar.

Plan de acción

Pero sed hacedores de la palabra,
y no tan solamente oidores...

SANTIAGO 1:22

1. Estudie y medite los versículos del Apéndice 5 sobre el poder de nuestras palabras con el fin de obtener un mejor entendimiento de este principio espiritual.

2. Use la lista de confesiones positivas del Apéndice 6 para hablar palabras de fe y victoria sobre su vida diariamente.

SEA SELECTIVO
con RESPECTO
a de QUÉ
SE ALIMENTA

...el necio se alimenta de basura.

PROVERBIOS 15:14, NTV

Sea selectivo con respecto a de qué se alimenta

Nuestros ojos y oídos son el acceso a nuestra alma. Lo que vemos y escuchamos y con quién nos relacionamos nos alimenta constantemente. Si usted come alimentos chatarra todo el tiempo—pastelillos, refrescos, chocolates—no va a ser muy saludable que digamos. Del mismo modo, si usted ve cosas que son malsanas, escucha cosas que lo hacen caer y se asocia con personas que son negativas y chismean, usted está alimentando a su hombre interior con comida chatarra. Usted no puede ser fuerte en el Señor y llegar a ser todo lo que Dios lo creó con una dieta como esa. Usted tiene que ser extremadamente cuidadoso con lo que ingiere. Usted es lo que come.

Hoy más que nunca, tenemos la oportunidad de alimentarnos de las cosas equivocadas. Hay más de 500 canales de televisión. Tenemos la internet, los teléfonos inteligentes, revistas, publicidad exterior. A cada vuelta que damos hay información que está tratando de influenciarnos. No toda está mal, y no hay nada malo con entretenerse, pero tiene que mantenerse en guardia.

Proverbios 15:14 (NTV) dice que "el necio se alimenta de basura". No llene su mente y su espíritu con basura. Si usted introduce basura, va a sacar basura. Si usted ve programas en los que las personas están constantemente cediendo a la tentación y siendo

No llene su mente y su espíritu con basura. Si usted introduce basura, va a sacar basura.

infieles en sus relaciones, no se sorprenda si con el tiempo se encuentra a sí mismo haciendo lo mismo. Si usted está viendo que las personas están siendo deshonestas, se traicionan, haciendo lo que pueden para avanzar, eso se va a quedar en su mente subconsciente. Poco a poco lo está desensibilizando y volviéndose más y más aceptable para usted. Su valor de choque se va desgastando. En poco tiempo, usted podría pensar: *Oye, no es la gran cosa. Todos lo están haciendo.*

Usted se va a convertir en lo que come. Haga un inventario de con qué se está alimentando: ¿Qué está viendo? ¿Qué está escuchando? ¿Qué tipo de valores está retratando? ¿Es sano, lo está inspirando a mejorar y lo está edificando? Si no, haga los cambios necesarios. No se alimente de basura.

Salmo 1:1 no dice que no nos sentemos inactivos en el camino del malo. Si usted quiere ser bendecido, no puede sentarse pasivamente mientras la gente chismea, dice chistes subidos de tono o murmuran y se quejan. No tiene que tratar de enderezarlos o leerles la Biblia, pero debería preocuparse lo suficiente de lo que se está alimentando como para apartarse en silencio. No se siente inactivo. Cuando un programa o un comercial malsano aparezca y usted sienta sonar su alarma interna, no se quede sentado inactivo. Tome el control remoto y cambie de canal. Dios no lo va a hacer por usted.

Usted tiene que tener la iniciativa de guardarse. Probablemente todos sus amigos van a ver una película y usted no tiene un buen sentimiento al respecto. Y una alarma está sonando en su espíritu. No solamente siga la corriente y piense: *Quizá se molesten. Probablemente no entiendan. Es posible que piensen que soy anticuado y se burlen de mí.* Usted necesita preguntarse a sí mismo: ¿Voy a agradar a la gente o a Dios? ¿Voy a picotear por allí con las gallinas o voy a remontarme como un águila? No se siente inactivo.

En varias ocasiones en la Escritura, somos comparados con el águila. Las águilas son las aves más majestuosas de todas y las que se remontan más alto. Así es como nos ve Dios. Él nos creó a su imagen y semejanza y puso semillas de grandeza en nuestro interior. Las águilas solamente se alimentan de comida fresca, viva, mientras que los zopilotes, los buitres y los cuervos se alimentan de cualquier cosa, incluyendo animales muertos. El águila obtiene su fuerza de una dieta saludable. Si vamos a remontarnos como el águila y ser todo lo que Dios nos creó, tenemos que alimentarnos de cosas buenas. Con la tecnología moderna, hay más maneras que nunca de hacerlo. Hay numerosos canales cristianos y otras opciones sanas en la televisión. Usted puede escuchar buenos mensajes en un CD en el coche, en la internet o descargados gratuitamente a su iPod. Hay tantos excelentes libros cristianos y devocionales diarios, y una abundancia de buena música cristiana. Es fácil alimentarse de la comida correcta si se lo propone.

Leí que el estadounidense promedio invierte 400 horas al año en su coche yendo y regresando del trabajo. Muchas personas usan ese tiempo para alimentarse de las cosas equivocadas. A mí me gusta escuchar las noticias, pero he aprendido que las noticias no edifican. Una vez que escuche lo que necesita saber, siga adelante y utilice ese tiempo para alimentarse con vida. Escuche algo que lo ayude a crecer y que lo inspire a ser mejor.

¿Voy a agradar a la gente o a Dios? ¿Voy a picotear por allí con las gallinas o voy a remontarme como un águila?

Usted se va a convertir en lo que come. No se alimente de basura. Sea un águila. Sea disciplinado con lo que ve y lo que escucha. Tome la decisión de deshacerse de cualquier cosa que no lo esté edificando y ayudándolo a crecer. Si usted decide ser selectivo con lo que se alimenta, va a crecer, a experimentar más el favor de Dios y creo y declaro que se convertirá en todo lo que Dios creó que usted sea.

Plan de acción

Pero sed hacedores de la palabra,
y no tan solamente oidores...

SANTIAGO 1:22

1. Sea rápido para cambiar de canal o de estación cuando aparezca algo que no esté alimentando su mente y su espíritu con lo correcto.

2. No se siente inactivo alrededor de compañeros de trabajo que chismeen, se quejen y sean negativos.

3. Use su tiempo al transportarse (así como otro tiempo libre) para alimentarse con mensajes ungidos, música de alabanza y otro material que lo aliente y fortalezca su fe.

TRATE *con* CUALQUIER COSA *que* EVITE *que* USTED SEA *lo* MEJOR *que* PUEDE SER

...quitémonos todo peso que nos
impida correr, especialmente
el pecado que tan fácilmente
nos hace tropezar...

Hebreos 12:1, NTV

Trate con cualquier cosa que evite que usted sea lo mejor que puede ser

Si vamos a vivir una vida victoriosa en Cristo, tenemos que estar dispuestos a tratar con cualquier cosa que nos esté estorbando para ser lo mejor que podamos ser. Puede ser una adicción, un mal hábito o un temperamento colérico.

Quizá sea no llegar a tiempo al trabajo, no tratar bien a otro o tener un espíritu crítico. Dios siempre está tratando con nosotros acerca de algo. Siempre nos está llamando a ir más alto. Pero cada vez que vamos más alto, nuestra carne tiene que ir más bajo.

Algunas veces nos preguntamos por qué nos sentimos atorados en el mismo lugar, por qué no parecemos salir de esta zanja. Podría ser porque no estamos tratando con lo que Dios está sacando a la luz. Cuando sienta esa convicción en el interior—algo que le dice: "Necesitas tratar mejor a esa persona", "Necesitas llegar a tiempo al trabajo", "Necesitas buscar ayuda para vencer ese mal hábito"—sepa que no solamente son pensamientos lindos. Ese es Dios hablándole, queriendo llevarlo más alto. No lo ignore. No lo barra debajo del tapete.

Si usted tiene un área en la que batalla—todos la tenemos—no la ignore, ni aparente que no está allí ni espere a que se vaya. Usted nunca conquistará lo que no confronte.

Algunas veces pensamos que estamos esperando en Dios cuando en realidad Dios está esperando en que nosotros tratemos con algo. Eso puede ser difícil, pero es mejor tomar decisiones correctas y estar incómodo un rato que seguir yendo por el mismo camino y perder su destino.

Pero muchas personas escogen lo que es cómodo ahora y luego se preguntan por qué no tienen victoria. Era un viaje de once días a la Tierra Prometida, pero el pueblo de Israel rodeó la misma montaña durante cuarenta años y nunca pudo entrar. Eran quejumbrosos, negativos, ingratos. Dios les dio oportunidad tras oportunidad, pero seguían fallando en la prueba. No trataron con ello y se perdieron de lo mejor de Dios.

Si usted tiene un área en la que batalla—todos la tenemos—no la ignore. No aparente que no está allí ni espere a que se vaya. Usted nunca conquistará lo que no confronte. Si usted tiene un problema, sáquelo a la luz. "Dios, cada vez que veo a mi amiga, como ella es tan talentosa, tan hermosa, tiendo a ponerme celosa. Dios, ayúdame". O: "Dios, estas personas realmente me hirieron. Se me está dificultando perdonarlas. Dios, tengo este resentimiento en mi corazón". Cuando usted tiene una actitud humilde, pidiéndole a Dios que lo ayude en fe, Él nunca lo va a decepcionar. Si usted hace su parte y trata con ello, Dios va a hacer su parte y lo va a ayudar a vencer.

Cuando Dios nos pide hacer algo difícil—perdonar a alguien que nos hirió, alejarnos de un amigo que está contaminando nuestra vida o cualquier cosa que sea un gran sacrificio o que requiere esfuerzo— podemos estar seguros de que una gran bendición seguirá a nuestra obediencia. Hay una bendición vinculada con cada acto de obediencia. Si cooperamos con Dios, habrá un importante cambio en nuestra vida para mejor.

Usted y Dios son mayoría.

Yo digo todos los días: "Dios, escudriña mi corazón. ¿Estoy en el camino correcto? Dios, muéstrame áreas en las que necesito mejorar. ¿Qué puedo hacer mejor?". Dios no requiere que seamos perfectos. Todo lo que Él pide es que sigamos tratando y que tomemos pasos para mejorar. Deberíamos tratar a la gente mejor este año que lo que hicimos el año pasado. Deberíamos tener más disciplina, menos malos hábitos, una mejor actitud. Si está atorado en el mismo lugar, usted necesita orar: "Dios, muéstrame qué necesito mejorar".

Siempre habrá algo que se interponga entre usted y su destino: orgullo, envidia, una herida, un mal hábito. El enemigo le dará el terreno bajo. A él no le importa que usted sea promedio o mediocre, y que no esté marcando una diferencia. Pero cuando usted se determine a no vivir con cosas frenándolo, trate con los asuntos que Dios traiga a su atención, y decida ser todo lo que Él creo que usted sea, y va a ver el favor de Dios en maneras asombrosas.

Le estoy pidiendo que se sacuda cualquier tipo de mediocridad. Tiene semillas de grandeza dentro de usted. No hay obstáculo demasiado grande, ni adicción demasiado intensa, ni hábito demasiado fuerte. Usted y Dios son mayoría. A medida que usted trate con lo que el traiga a luz y usted haga lo mejor que pueda para caminar en obediencia, experimentará el favor radical de Dios, bendiciones y cambios totales milagrosos.

Plan de acción

Pero sed hacedores de la palabra,
y no tan solamente oidores...

SANTIAGO 1:22

1. Pase un poco de tiempo a solas con Dios y ore como David en Salmo 139:23–24 (NTV): "Examíname, oh Dios, y conoce mi corazón...Señálame cualquier cosa en mí que te ofenda y guíame por el camino de la vida eterna". Esté dispuesto a confrontar abierta y honestamente cualquier cosa que Él traiga a su atención.

2. Esté dispuesto a buscar ayuda externa para vencer cualquier adicción, mal hábito o cualquier otro problema que lo esté deteniendo. Busque consejería, asista a algunas clases o participe en un programa de recuperación. Sea determinado para hacer todo lo que pueda en lo natural, y Dios hará lo que usted no puede hacer en lo sobrenatural.

3. Busque un compañero de oración/rendición de cuentas que pueda ofrecer oración, apoyo y ánimo cuando esté tratando con un problema difícil. Santiago 5:16 dice: "Confesaos vuestras ofensas unos a otros [no solo a Dios], y orad unos por otros, para que seáis sanados". Cuando sacamos un problema a la luz y se lo confesamos a una persona de confianza, de inmediato tiene menos poder sobre nosotros.

PARTE DOS

ESTABLEZCA *un* NUEVO ESTÁNDAR

Cuando Dios le dio un nuevo comienzo en su vida, cuando Él sopló su vida en usted e hizo todas las cosas nuevas, no lo hizo para que usted simplemente pudiera sentirse bien algunos días. No, Dios es en el largo plazo un asunto de nueva vida. Pero no puede avanzar en su nueva vida si constantemente está viendo hacia atrás y permitiendo que su pasado sea una barrera entre usted y su destino. Es momento de dejar ir heridas pasadas, dolores o fracasos. Rehúsese a ser contado entre los que dudan. ¡Confíe en Dios para guiarlo derecho por entre las barreras de su pasado y al sendero de los nuevos comienzos con Él!

*"A los cielos y a la tierra llamo
por testigos hoy contra vosotros,
que os he puesto delante la
vida y la muerte, la bendición
y la maldición; escoge, pues,
la vida, para que vivas tú y
tu descendencia; amando a
Jehová tu Dios, atendiendo
a su voz, y siguiéndole a él;
porque él es vida para ti, y
prolongación de tus días…".*

DEUTERONOMIO 30:19–20

Tome el desafío de caminar en libertad

Nosotros recibimos nuestro ADN de nuestros padres. Los genes heredados determinan nuestro aspecto, qué tan altos somos y el color de nuestro cabello. La gente nos dice con frecuencia, por ejemplo, que nuestro hijo, Jonathan, tiene los ojos de su madre y que se parece a Victoria.

"Gracias, Dios", yo digo.

A través de los genes no solamente se transmiten los rasgos físicos, sino también nuestros rasgos de personalidad, nuestro desenvolvimiento, nuestra actitud y nuestro sentido del humor. Nuestra hija, Alexandra, es sumamente pulcra y organizada. Desde que era chica mantenía su cuarto perfectamente limpio y ordenado. Impecable. Nosotros nunca le pedimos que hiciera eso. Ese rasgo provino de mi abuelo. Él era así. Mi madre también es así. Ha sido heredado por cuatro generaciones. En alguna parte tienen un gen que dice: "Sé pulcro. Sé limpio. Sé organizado. Mantén todo perfectamente en su lugar".

Pero así como se pueden heredar las buenas características, también las características negativas. Si uno de sus padres fue alcohólico, hay una probabilidad diez veces mayor de que usted se vuelva un alcohólico.

Durante años se pensó que había poco que uno pudiera hacer con respecto a las cosas malas que se habían heredado genéticamente. Pensábamos: *Bueno, ni modo. Está en mis genes. Depresión, adicciones, baja autoestima; no hay nada que pueda hacer al respecto.*

> **Cuando usted escoge la vida, escoge bendición, escoge la victoria, usted y sus descendientes verán el favor de Dios.**

Pero recientemente los investigadores han descubierto algo que llaman *epigenética*, que significa "por encima de los genes". Cayeron en cuenta que los genes que nos han sido heredados no siempre son activados. Su influencia en usted depende de sus decisiones, su ambiente y sus experiencias.

Ahora bien, mientras que no podemos desactivar cuál será el color de nuestro cabello o la forma de nuestros ojos, hay ciertos genes que podemos, en efecto, encender o apagar, dicen los científicos.

Han descubierto lo que dice la Escritura: El que uno haya heredado algo no significa que a su vez tenga que pasarlo a la siguiente generación.

Usted puede desactivar los genes negativos que le han sido heredados. En otras palabras, solo porque su madre estaba deprimida no quiere decir que se supone que usted esté deprimido.

Probablemente tenga una tendencia natural hacia ello. Lo que tiene que hacer es apagar ese gen. Desactívelo. No se lo herede a sus hijos.

Es fácil usar la genética como una excusa. "Bueno, mi mamá se deprimía. Mi abuela era pesimista. Mi bisabuela era una quejumbrosa. Joel, así es como soy".

No, así no es como es usted. Usted es un hijo del Dios Altísimo. Y así como usted heredó su ADN físico de sus padres terrenales, usted heredó su ADN espiritual de su Padre celestial. Él puso en usted genes de gozo, genes de fuerza, genes de paz y genes de victoria.

Usted puede escoger

Usted quizá ha tenido mucho bagaje negativo que se le ha heredado. En su linaje quizá hayan existido adicciones, divorcio, depresión o baja autoestima. No sea pasivo y simplemente acéptelo. Dios lo ha levantado para ponerle fin. Usted tiene que trazar una línea en la arena y decir: "Se acabó. En este momento apago el gen de depresión. No voy a pasar mi vida desanimado. Este es el día que hizo el Señor. Decido ser feliz".

Cuando usted toma esa decisión, ¿qué está haciendo? Desactivando el gen de depresión. Lo está apagando. ¿Por qué no apaga el gen negativo? Apague el gen de alcoholismo. Apague el gen de autocompasión. Este es un nuevo día.

No culpe su pasado. No culpe a su mamá. No culpe a su abuelito. Tome responsabilidad y comience a activar los genes correctos. Si usted comienza a tomar las decisiones correctas, usted puede invalidar las cosas negativas que heredó. Usted puede romper una maldición generacional.

Usted tiene el poder de ponerle fin y comenzar una bendición generacional. Usted puede heredar cosas que le va a hacer la vida más fácil a sus seres queridos. Después de todo, nuestros hijos tienen suficiente que vencer sin tener que cargar todo nuestro bagaje negativo. Incluso si usted no lo hace por usted mismo, hágalo por sus hijos.

Hágalo para hacerle la vida más fácil a los que vengan después de usted. La Escritura le llama *iniquidad* a este bagaje negativo. Esto puede ser heredado por cuatro generaciones. Las cosas con las que batalla, no aparecieron de pronto. Alguien en su linaje abrió la puerta.

Yo hablé con una joven que tenía anorexia. Era solo piel y huesos. Su madre tiene el mismo problema. Su abuela batalló con ello también. Eso no es una coincidencia; es una iniquidad que es pasada de generación en generación. Esta iniquidad continuará hasta que alguien se levante y le ponga un alto. Alguien tiene que desactivar ese gen.

Dios dijo en Deuteronomio 30: "Os he puesto delante la vida y la muerte, la bendición y la maldición; escoge, pues, la vida, para que vivas tú y tu descendencia". Observe la advertencia de que sus decisiones no solo lo afectan a usted. Afectan generaciones futuras. Ningún hombre vive y muere para sí. Hemos escuchado mucho acerca de la maldición generacional, pero lo que es más importante es nuestra decisión generacional. Cada decisión correcta que usted tome invalida las decisiones equivocadas de los que le han precedido. Cuando usted escoge vida, escoge bendición, escoge la victoria, usted y sus descendientes verán el favor de Dios.

Ernest Hemingway fue uno de los escritores más grandes de su día, pero la depresión, el alcoholismo y el suicidio lo asediaron a él y a sus familiares. Hemingway se quitó la vida en 1961. Su hermana cometió suicidio cinco años después. Su hermano se suicidó dieciséis años después de eso. Su nieta hizo lo mismo en 1996.

Es interesante también que el padre de Hemingway se quitó la vida en 1928. Me estaba preguntando que habría sucedido en la década de 1920 si su padre hubiera desactivado el gen suicida. ¿Qué habría pasado si se hubiera levantado y dicho: "No. Yo he sido hecho a la imagen del Dios todopoderoso. Yo tengo un propósito y un destino. Me estoy sacudiendo estos pensamientos negativos derrotados. Sé que el poder en mí es mayor que cualquier fuerza que venga en mi contra"?

Si hubiera tomado autoridad sobre ese espíritu negativo y en su lugar hubiera activado el gen de la fe, el gen de la victoria, el gen de más que vencedor, hubiera cambiado su linaje. Podría haber roto la maldición generacional y comenzado una bendición generacional.

> *El que usted haya heredado algo no significa que a su vez tenga que pasarlo a la siguiente generación.*

Su ADN es poderoso

Mis preguntas para usted son: ¿Se ha conformado en algún punto por debajo de lo que usted sabe que Dios ha puesto en usted? ¿Ha renunciado a un sueño o dejó ir una promesa, solo porque no sucedió a la primera? Probablemente tuvo un revés. Quizá alguien le dijo: "No eres lo suficientemente talentoso. No eres lo suficientemente grande". Pero le pregunto con todo respeto: "¿Qué está haciendo allí? Usted tiene tanto dentro de sí. Está lleno de talento, ideas, creatividad y potencial".

Cuando Dios sopló su vida en usted, puso parte de sí mismo en usted. Podría decir que usted tiene el ADN del Dios todopoderoso.

Usted está destinado a hacer grandes cosas, destinado a dejar su marca en esta generación. Su Padre celestial habló y los mundos vinieron a la existencia. Lanzó estrellas al espacio. Pintó cada amanecer. Él diseñó cada flor. Hizo al hombre del polvo y sopló vida en él. Ahora bien, esta es la clave: Él no solamente es el Creador del universo, Él no solamente es el Dios todopoderoso, Él es su Padre celestial. Usted tiene su ADN. Imagínese lo que puede hacer.

Usted está equipado. Facultado. Totalmente cargado. Sin falta de nada. No se atreva a conformarse con lo segundo mejor. No se quede atorado en una zanja pensando que ya alcanzó su límite. Trace la línea en la arena y diga: "Se acabó. He dejado que lo suficientemente bueno sea lo suficientemente bueno suficiente tiempo. Hoy es un nuevo día. Mi sueño quizá no se hizo realidad la primera vez que lo intenté, o incluso la quinta o la trigésima, pero no me voy a conformar. Estoy estirando mi fe, buscando oportunidades, tomando pasos para mejorar. Voy a llegar a ser todo lo que Dios me ha creado que yo sea".

Ahora bien, no vaya por ahí pensando: *Jamás podré romper esta adicción. Nunca me va a alcanzar para la universidad. Nunca veré a mi familia restaurada.* No, usted proviene de un linaje de campeones. Está en su ADN. Esa enfermedad no es permanente. La salud y la restauración están en su ADN. Usted nació para ganar, para vencer, para vivir en victoria. No importa cómo luzcan sus circunstancias actuales. Esa adicción no llegó para quedarse. En su ADN hay libertad. Ese problema familiar, contienda, división, no va a durar para siempre. La restauración está en su ADN. La carencia, las dificultades y pasarla apenas no es su destino. La abundancia, el incremento, la ocasión correcta y las buenas oportunidades están en su ADN.

Cuando usted haga lo natural, Dios hará lo sobrenatural. Cuando usted haga lo que puede, Dios vendrá y hará lo que usted no puede. No tome el camino fácil de escape. Permanezca fuerte y pelee la buena batalla de la fe.

Usted puede escoger heredar el favor de Dios

Quizá usted se encuentre hoy en un punto en el que está tratando con un espíritu negativo. Usted podría fácilmente quedarse donde está, permitirse heredar los genes negativos y ponerle la vida más difícil a los que vienen después de usted. O usted podría tomar una decisión mucho mejor y decir: "No. Ya es suficiente. No voy a vivir mi vida adicto, enojado, derrotado o deprimido. No voy a heredar a la siguiente generación ese bagaje negativo. Estoy escogiendo vida. Estoy escogiendo bendiciones. Voy a tomar decisiones que ayuden a mi familia y que no la obstaculicen".

En la Escritura, Dios le dijo al rey Saúl que fuera y destruyera a los amalecitas, el peor enemigo del pueblo de Israel, para borrarlos totalmente del mapa. Saúl y su ejército fueron y derrotaron a los amalecitas y al rey Agag, pero obviamente no completaron la conquista, porque varios años después el rey David pelearía contra ellos también. Agag era el título hereditario de los reyes amalecitas.

Adelantemos la historia cientos de años. Ester se encuentra en el palacio de Persia. Un hombre llamado Amán está tratando de deshacerse de ella y de todo su pueblo. La Escritura dice que Amán era agagueo, lo cual al parecer denota que era descendiente de la familia real de los amalecitas. Si Saúl se hubiera encargado de su enemigo cuando Dios le dio el poder de hacerlo, Ester no hubiera tenido un problema con uno de sus descendientes 500 años después.

¿Pudiera ser que si no le pone fin a aquello con lo que está batallando que su familia todavía luche con ello dentro de cientos de años? Dios le está diciendo, como lo hizo con Ester: "Este es tu tiempo. Este es tu momento. Tu destino te está llamando".

Usted puede ya sea conformarse y permitirle que lo conquiste, o puede decir: "No. El mismo poder que levantó a Cristo de los muertos vive dentro de mí. Yo conquistaré esta adicción. Conquistaré esta depresión, esta baja autoestima. No voy a permitir que se quede para que futuras generaciones batallen con ella".

Eso fue lo que hizo mi padre. De chico fue criado con una "mentalidad de pobreza". Su familia perdió todo lo que tenía durante la Gran Depresión. En la escuela media-superior le dieron la canasta navideña que se donaba a la familia más pobre. Todo lo que podían darse el lujo de beber era algo llamado leche "Blue John", que era leche a la que le removían toda la crema, lo cual le daba un tono azul. En las granjas se solía usar solamente para los cerdos. No tenía el propósito de que la gente la bebiera. Mi padre no la soportaba.

Mi padre estuvo tentado a pensar: *Esto es lo que me tocó en la vida.* Cada circunstancia le decía que nunca sería exitoso y que jamás rompería el ciclo de pobreza. Pero a los diecisiete años, le entregó su vida a Cristo y algo se levantó dentro de él: una fe y un denuedo que decían: "Mis hijos jamás serán criados en la pobreza y en la derrota en la que fui criado". Buscó en las Escrituras para ver lo que Dios decía de él y comenzó a verse no como el hijo de un granjero pobre sin futuro, sino como el hijo del Dios Altísimo. Se levantó y rompió la maldición de pobreza en nuestra familia. Le quitó los límites a Dios y prosiguió para vivir una vida bendecida y abundante.

No es maravilla que mi papá sostuviera su Biblia en cada servicio y dijera: "Esta es mi Biblia. Yo soy lo que dice que soy. Yo tengo lo que dice que tengo". Haga lo mismo hoy, y se sorprenderá de lo que puede suceder.

La supereminente grandeza del favor de Dios

Qué tragedia sería tener que pasar la vida como un hijo del Rey a los ojos de Dios, no obstante como un humilde indigente en nuestros propios ojos. Eso es precisamente lo que le pasó a un joven del Antiguo Testamento que se llamaba Mefi-boset, quien era nieto del rey Saúl e hijo de Jonatán. Jonatán y David eran mejores amigos y de hecho tenían una relación de pacto. Eso significa que lo que uno tenía le pertenecía al otro. Además, en

Este es su tiempo. Este es su momento. Su destino lo está llamando.

la relación de pacto, si algo le pasaba a uno de estos dos hombres, el "hermano" restante estaría obligado a cuidar de la familia del otro.

El rey Saúl y Jonatán fueron muertos en batalla el mismo día, y cuando llegó la noticia al palacio, una sirviente tomó a Mefi-boset, el hijo más chico de Jonatán, lo cargó y huyó de la ciudad. Al salir de Jerusalén con tanta prisa, la nodriza tropezó y cayó mientras llevaba al niño. Mefi-boset quedó lisiado como resultado de la caída. La nodriza transportó al hijo de Jonatán hasta una ciudad llamada Lodebar, una de las ciudades más golpeadas por la pobreza y desoladas en toda esa región. Allí fue donde Mefi-boset, nieto del rey, vivió casi toda su vida.

David sucedió a Saúl como rey y años más tarde le preguntó a su personal: "¿Ha quedado alguno de la casa de Saúl, a quien haga yo misericordia por amor de Jonatán?". Fue informado que Jonatán tenía un hijo que todavía estaba vivo, así que ordenó que el hombre fuera traído al palacio. Cuando llegó Mefi-boset, sin duda tenía temor. Después de todo, su abuelo había perseguido a David por todo el país tratando de matarlo. Mefi-boset quizá sintió que David planeaba ejecutarlo como una amenaza para al reino.

Cuando le dio su vida a Cristo se volvió una nueva creación. Él puso nuevos genes espirituales en usted. Usted tiene el ADN del Dios todopoderoso.

Pero David le dijo: "No tengas temor, porque yo a la verdad haré contigo misericordia por amor de Jonatán tu padre, y te devolveré todas las tierras de Saúl tu padre; y tú comerás siempre a mi mesa como uno de los hijos del rey". David trató a Mefi-boset como realeza. Después de todo, era el nieto del rey, y David tenía una relación de pacto con su padre.

La vida de Mefi-boset fue transformada instantáneamente—esas son las buenas noticias—pero piense en todos los años que desperdició en la sucia ciudad de Lodebar. Todo ese tiempo, el sabía que era realeza; más allá de eso, su padre tenía una relación de pacto con David que le daba el derecho de reclamar lo que le pertenecía a través de su padre. Como hijo de la realeza, el podría haber sido valiente para reclamar los privilegios de su posición como hijo.

En una manera similar, usted es un hijo del Dios altísimo. Usted no fue creado para vivir constantemente batallando, enojado y adicto. Esos genes probablemente los haya heredado, pero usted tiene el poder de romper los ciclos negativos. Quizá hayan estado en su familia por cientos de años, pero cuando le dio su vida a Cristo se volvió una nueva creación. Él puso nuevos genes espirituales en usted. Usted tiene el ADN del Dios todopoderoso.

Hay fuerza en sus genes. Hay poder en sus genes.

Hay libertad en sus genes. Ahora no se conforme donde está. No diga: "Todos en mi familia se divorcian. Parece que voy por el mismo camino". No diga: "Todos batallan con estas adicciones". O: "Todos tienen problemas financieros". Aquí está el asunto: Usted no es todos. Dios lo ha llamado para ponerle fin a eso. Usted está equipado, ha sido facultado y es sumamente capaz.

Esto es lo que dijo el profeta Ezequiel en una escritura interesante. "Los padres comieron las uvas agrias, y los dientes de los hijos tienen la dentera. Vivo yo, dice Jehová el Señor, que nunca más tendréis por qué usar este refrán".

Ellos vivían por este proverbio. Su actitud era: *Como el padre tuvo problemas, sus hijos también los tendrán. No hay nada que podamos hacer al respecto. Como el padre comió las uvas agrias, como los padres tenían adicciones, como los abuelos estaban deprimidos, los hijos batallarán en las mismas áreas.*

Esa era su filosofía. Entonces Dios se hizo presente y dijo a través de Ezequiel:

"Dejen de decir eso. ¿Por qué siguen usando a sus parientes como una excusa? ¿Por qué siguen usando lo que hicieron sus padres y la manera en que fueron criados como razones para quedarse donde están? Mientras el Señor soberano viva, ustedes no tendrán que estar en cautiverio por las cosas negativas de su pasado".

Probablemente sus padres comieron las uvas agrias. Sus parientes quizá tomaron decisiones que los pusieron en desventaja. Pero Dios está diciendo: "Es no tiene por qué afectarte. Pudiera ser que te haya detenido temporalmente, pero este es un nuevo día".

Si usted desactiva esos genes y prosigue, todas las fuerzas de las tinieblas no pueden detenerlo. Usted no tiene que comer las uvas agrias. Será redimido. No estará bajo la maldición. Estará bajo la bendición. Usted entrará en un nuevo linaje.

No importa cómo haya sido criado o lo que lo haya derribado o detenido Dios está diciendo: "Te cree como la cabeza y no como la cola. Te hice para prestar y no para pedir prestado". Todo lo que se requiere es un toque del favor de Dios. Entre en acuerdo con Él. Dios tiene bendiciones explosivas en su futuro, bendiciones que pueden impulsarlo años hacia adelante.

Usted puede vivir como un hijo del Dios altísimo

Tengo algunas noticias extraordinariamente buenas para usted: No hay derrota en su linaje. No hay escasez, ni adicciones, ni mediocridad. Usted es un hijo del Dios Altísimo. Estoy aquí para anunciarle que el Soberano Señor todavía está vivo, que sigue en el trono y que Él es su Padre.

Así que no tiene que comer las uvas agrias de ayer. Sacúdase la autocompasión. No presente excusas. No culpe el pasado. No culpe a sus padres. No culpe sus circunstancias. Posiblemente sean la razón por la que usted está donde se encuentra, pero eso no le da el derecho de quedarse allí.

Comience a tratar con los asuntos que lo están deteniendo. Empiece a activar los genes correctos. Eso fue lo que hizo un buen amigo mío. Fue criado en un hogar sumamente disfuncional. Su padre fue un alcohólico y se ponía muy violento. De niño, mi amigo vio a su padre maltratar a su madre, faltarle al respeto y tener ataques de furia.

Entonces mi amigo creció y terminó igual que su padre. Era un drogadicto que vivía una vida muy violenta e iracunda. Al final de sus veintes, le entregó su vida a Cristo y tuvo un importante cambio. Para abreviar la historia, se hizo pastor de una iglesia grande y era un hombre muy respetado.

Iba por el mundo compartiendo su historia, pero todavía tenía problemas con el enojo. La mayoría de la gente no sabía que aunque Dios lo había liberado de las adicciones, las drogas y el alcohol, su enojo nunca se fue. No lo mostraba en público, pero en casa, cuando solamente su familia estaba presente, las cosas más pequeñas lo hacían explotar. Al igual que su padre, le daban ataques de rabia y era muy agresivo con su esposa.

A mi amigo no le gustaba. Sabía que estaba mal, pero no se podía controlar a sí mismo. Quería obtener ayuda, pero estaba demasiado avergonzado. Él pensaba: *No le puedo decir a nadie. Soy pastor de una iglesia. ¿Qué van a pensar de mí? Se supone que debo ser un ejemplo.*

Pero muchas personas fallan en entender que uno no es una mala persona solamente porque está batallando con un problema difícil. Lo más probable es que alguien en su línea familiar abrió la puerta. Alguien permitió esa iniquidad y luego se rehusó a tratar con ella. No sea como ellos. No lo barra debajo del tapete, no lo ignore ni espere a que se vaya. Fracasar en tratar con ello lo mantendrá en cautiverio.

Santiago 5:16 dice: "Confesaos vuestras ofensas unos a otros, y orad unos por otros, para que seáis sanados". Hay algunos problemas que usted no puede vencer por sí solo. Tiene que tragarse su orgullo y encontrar a alguien en quien pueda confiar, alguien que mantenga como confidencial lo que usted le comparta; quizá un pastor, un consejero o un amigo. Dígales con lo que está tratando. Permítales orar con usted, apoyarlo y que le tomen cuentas de su vida.

Cuando usted saca a la luz sus desafíos y dice: "Dios, necesito ayuda con esta falta", y toma los pasos para vencerlo, es cuando la Escritura dice: "Para que sean sanados". Eso fue lo que hizo mi amigo. Hoy, es una de las personas más amables y gentiles que podrá conocer.

¿Qué hizo? Rompió la maldición generacional. Escogió la vida para que sus hijos no tuvieran que lidiar con la ira o las adicciones. Desactivó ese gen. Sigue en él. Lo heredó, pero no le está afectando.

Rehúsese a ser la víctima

Usted no es una víctima. Usted es un campeón. Usted no tendría oposición si no hubiera algo maravilloso en su futuro. La Escritura dice: "Luz resplandece en las tinieblas para el que es recto" (Salmo 112:4, NBLH). Cuando usted no vea una salida, como le sucedió a mi amigo durante mucho tiempo, y esté oscuro, se encuentra en la posición precisa para que el favor de Dios resplandezca.

No caiga en la trampa de ser negativo, complaciente o de

conformarse con lo que la vida traiga a su camino. Establezca el tono para la victoria, para el éxito, para nuevos niveles. Extienda su visión. Haga espacio para que Dios haga algo nuevo. Ni siquiera ha tocado la superficie de lo que Dios tiene preparado.

Quizá se encuentre en una situación difícil, pero en lugar de ser negativo, solamente párese firme y diga: "Me rehúso a vivir con una actitud negativa de resignarme a lo que mi línea familiar me trajo. No voy a renunciar a mis sueños. No voy a vivir sin pasión o celo. Quizá no vea un camino, pero sé que Dios tiene un camino. Probablemente esté oscuro, pero estoy esperando que

Usted no es una mala persona solamente porque está batallando con un problema difícil.

la luz resplandezca. Estoy preparando mi mente para la victoria".

Eso es lo que permite que Dios obre. No es solamente mente sobre materia. No es solo tener una actitud positiva. Esa es su fe siendo soltada. Cuando usted cree, llama la atención de Dios. Cuando espera que sus sueños se cumplan, su salud sea restaurada y que las buenas oportunidades y las conexiones divinas se crucen en su camino, el Creador del universo se pone a trabajar.

Posiblemente haya tenido mil malas oportunidades, pero no las use como una excusa para ser negativo. Una buena oportunidad puede compensar todas las malas. Un toque del favor de Dios puede catapultarlo más lejos de lo que jamás se haya imaginado. Probablemente sienta que se está quedando atrás. Usted no se encuentra donde pensó que estaría en la vida. No se preocupe; Dios sabe cómo compensar el tiempo perdido. Él sabe cómo acelerar las cosas.

Ahora usted tiene que hacer su parte. Sacúdase la mentalidad negativa. Sacúdase el pesimismo, el desánimo y la autocompasión con respecto a su pasado. Recupere el fuego. La vida está siguiendo su curso. No tiene tiempo que desperdiciar siendo negativo. Usted tiene un destino que cumplir. Tiene una misión que lograr. Lo que está en su futuro es mayor que cualquier cosa que haya visto en su pasado. Necesitamos deshacernos de la Ley de Murphy y vivir por justo lo opuesto. Su actitud debería ser: *Si algo puede salir bien hoy, saldrá bien y me sucederá en el mejor momento. Nada será tan difícil como parece. Nada tomará tanto tiempo como parece.*

¿Por qué? Porque está altamente favorecido. El Dios todopoderoso está respirando en su dirección. Usted ha sido ungido, equipado y facultado.

Usted puede vencer con la ayuda de Dios

Ninguna adicción es demasiado para que usted la venza, ninguna iniquidad, ninguna montaña u obstáculo. Nada que usted haya heredado debería mantenerlo apartado de su destino dado por Dios. El Poder en usted es mayor que cualquier poder que venga en su contra.

No cometa el error que cometió mi amigo pastor. No aprenda a funcionar en su disfunción. Dios no lo creó para que tuviera problemas o los escondiera y se sintiera mal de sí mismo. Él lo creó para ser totalmente libre.

Dios dijo que Él quiere darle vino nuevo. El vino nuevo no son uvas agrias. No es ser derribado bajo el peso del bagaje del pasado. El vino nuevo es uvas frescas, uvas dulces. Es una vida victoriosa.

Probablemente, como mi amigo, usted creció con ejemplos poco saludables. Es fácil para un niño aceptar el mal comportamiento de los padres y de otros adultos como normal. Quizá sus padres no le mostraron mucho afecto, y ahora usted no le está mostrando mucho afecto a sus propios hijos. O posiblemente hubo violencia, enojo o falta de respeto en el hogar. No herede eso.

Desactive ese gen. Sea afectuoso con sus hijos. Algunos padres me han dicho: "Joel, soy un hombre. Yo no abrazo a mi hijo. Después de todo, él ya es grande".

Permítame decirle que: Un verdadero hombre todavía abraza a su hijo. Un verdadero hombre trata a su esposa con respeto y honor. Hombres, las Escritura dice que su esposa es un reflejo de su gloria. Si ella está maltratada, desanimada y cansada, usted no está brillando mucho que digamos. Ella está reflejando su gloria.

Usted necesita subir de nivel. Haga algo para devolverle a su esposa la alegría al caminar, la sonrisa a su rostro. Llévela al centro comercial. Cómprele algo nuevo. Envíele algunas flores. Escríbale una nota. Dígale lo excelente que es ella. Entre más brilla ella usted se ve mejor. Por eso es que yo mantengo a Victoria luciendo bien. ¡Ella me hace ver bien!

Escoja una mejor vida. Escoja el honor. Escoja el respeto. Herede eso a las futuras generaciones.

Otro pensamiento: Padres, su hija se va a casar con alguien justo como usted. Si usted trata mal a su esposa, no le presta atención y la critica, ese es el tipo de hombre al que se sentirá atraída su hija. Nuestros hijos siguen nuestro ejemplo más de lo que siguen nuestro consejo. Están constantemente absorbiéndolo todo. Son como cámaras de video con piernas. Siempre están en el modo de grabación.

Están viendo cómo trata a la gente, qué tipo de actitud tiene, qué tipo de desenvolvimiento tiene. Están observando constantemente.

Trate a su esposa como una reina, hágale cumplidos, aliéntela, llévele al café a la cama, ábrale la puerta del coche, hágale obsequios y hágala sentir amada, valorada, respetada y honrada. De esa manera su hija se casará con un ganador. Su hija se casará con un hombre semejante a su padre.

Ahora bien, quizá usted no vio a su padre tratar a su madre bien cuando era chico. Probablemente vio justo lo opuesto. Aun así, crea que puede establecer un nuevo estándar. Decida vencerlo. Escoja una mejor vida. Escoja el honor. Escoja el respeto. Herede eso a las futuras generaciones.

Mueva la montaña

Todos enfrentamos montañas en la vida. Puede ser una montaña de cómo trata su cónyuge con base en dinámicas destructivas aprendidas de sus padres, y que ahora también están impactando a sus hijos. Posiblemente sea la montaña de una adicción, o una montaña en sus finanzas, su salud o sus sueños que parece permanente.

Cuando enfrente una montaña, siempre es bueno pedirle ayuda a Dios para vencerla, pero no es suficiente solamente orar. No es suficiente con solo creer. No es suficiente con solo tener buenos pensamientos. Esta es la clave: usted tiene que hablarle a sus montañas. Jesús dijo en Marcos 11:23: "Porque de cierto os digo que cualquiera que dijere a este monte: Quítate y échate en el mar, y no dudare en su corazón, sino creyere que será hecho lo que dice, lo que diga le será hecho".

Si usted está enfrentando una montaña de temor usted necesita decir: "Temor te ordeno que te vayas. No te voy a permitir en mi vida". Si usted tiene problemas de salud, en lugar de rogarle a Dios que lo sane, usted necesita declararle a la enfermedad: "Enfermedad, no tienes derecho en mi cuerpo. Soy un hijo del Dios Altísimo. No eres bienvenida aquí. No te estoy pidiendo que te vayas. No estoy diciendo: 'Linda, si eres tan amable, hazme un favor'. No, te estoy ordenando que te vayas de mi cuerpo".

He aprendido que si usted no le habla a sus montañas, sus montañas le van a hablar a usted. A lo largo del día, esos pensamientos negativos vendrán. Son sus montañas hablándole. Usted puede sentarse y creer esas mentiras, o puede levantarse y declarar: "Yo estoy en control aquí. No permitiré que mis montañas me hablen. Montaña, te estoy diciendo: 'Sé removida. No me vencerás'".

No es una coincidencia que Dios escoja una montaña para representar nuestros problemas. Las montañas son grandes. Las montañas como los problemas generacionales y las debilidades parecen permanentes, como si estuvieran allí para siempre, y así es como se sienten. Pero Dios dice que si usted le habla a las montañas, descubrirá que no son permanentes.

Si usted ha enfrentado el asunto del enojo en su relación con su cónyuge, la depresión o una adicción, parece ser como que nunca va a cambiar, pero cuando habla palabras de fe, algo pasa en el plano invisible. Las montañas se desmoronan. Las fuerzas de las tinieblas son derrotadas. El enemigo tiembla.

Cuando usted declara la autoridad del Hijo del Dios viviente, todas las fuerzas del cielo prestan atención. Los poderosos ejércitos del invisible Dios altísimo lo respaldarán. Déjeme decirle: ningún poder puede permanecer en contra de nuestro Dios. Ningún problema matrimonial. Ninguna adicción. Ningún temor. Ningún problema legal. Ningún problema generacional. Cuando usted hable y no dude, la montaña será removida.

Ahora bien, quizá la montaña no se mueva de la noche a la mañana. Probablemente parezca la misma mes tras mes. No se preocupe. En el plano invisible, las cosas están cambiando a su favor. Cuando Jesús iba pasando por un pueblo, vio una higuera y quiso algo de comer, pero el árbol no tenía fruto. Miró al árbol y le dijo: "Nunca jamás coma nadie fruto de ti".

Observe que Jesús le habló a un árbol. La gente de fe le habla a sus obstáculos. Jesús se alejó, y no parecía como si algo hubiera sucedido. El árbol seguía igual de verde y saludable como se veía antes. Estoy seguro de que algunos de sus discípulos susurraron: "No funcionó. Jesús de seguro perdió el toque, porque le dijo que se muriera y no se murió". De lo que no se dieron cuenta fue que debajo de la tierra, en el sistema de raíces, en el momento en que Jesús habló, toda la vida de ese árbol fue cortada.

El Poder en usted es mayor que cualquier poder que venga en su contra.

Cuando regresaron del pueblo un poco más tarde, los discípulos se quedaron asombrados. Vieron que el árbol se secó, totalmente muerto. En la misma manera, en el momento en que usted le habla a sus montañas, algo sucede. En el plano invisible, las fuerzas del cielo comienzan a trabajar. Dios despacha ángeles. Pelea las batallas. Suelta favor. Quita a las personas equivocadas del camino, enviando sanidad, enviando avance, enviando victoria.

Quizá no vea lo que Dios ha hecho durante cierto tiempo. Esa montaña probablemente luzca tan grande y permanente y fuerte como antes. Pero si usted se mantiene en fe y simplemente le sigue hablando a la montaña, declarándola desaparecida, declarando que usted es saludable, bendecido y victorioso; un día, de pronto, verá que esa montaña ha sido removida.

Usted puede tomar la responsabilidad y romper el ciclo

Hace unos años estábamos en unas vacaciones familiares en un hotel muy bueno. Era un lugar grande. Tenía diferentes tipos de hospedaje distribuidos por toda la propiedad, que era sumamente hermosa. Cuando llegamos, el botones nos llevó a nuestra habitación por un sendero serpenteante. Seguimos un camino curvado alrededor de cabañas y sobre un puente y luego alrededor de un gran lago. Presté mucha atención porque el camino a nuestra habitación era muy complicado.

Unas noches más tarde, tuvimos una cena en el hotel principal. Cuando estábamos dejando el vestíbulo para volver a nuestra habitación, Jonathan, que tenía unos diez años en ese tiempo me dijo:

—Papá, sabes que estamos tomando el camino largo. Es mucho más rápido por acá.

—No, Jonathan —respondí—. Presté mucha atención. Este es el camino por el que nos llevó el botones. Este es el camino correcto.

—No, Papá —insistió—. Te estoy diciendo. Hay un camino más rápido.

—Jonathan, estoy seguro de que este es el camino correcto.

Durante los siguientes días, siempre nos fuimos por mi camino. Cada vez, Jonathan decía:

—Papá, estamos yendo por el camino largo de nuevo.

Y cada vez, yo respondía:

—No, Jonathan, no es así. Este es el camino correcto.

El último día de nuestro viaje de una semana, estábamos nuevamente saliendo del hotel principal para ir a nuestra habitación cuando Jonathan me rogó:

—Papá, ¿podemos ir por mi camino por lo menos una vez?

—Está bien —concedí—, iremos por tu camino.

Jonathan nos llevó por unas escaleras a través de un pasadizo estrecho, ¡y nuestra habitación estaba justo allí! Probablemente estaba unas cien yardas [casi cien metros] más cerca que el camino por el que habíamos estado yendo.

Resultó que el botones nos había llevado por la larga ruta escénica para que pudiéramos ver todo el lugar. Lo busqué en un mapa. Habíamos estado yendo en un círculo completo, para regresar a nuestra habitación. Si solamente hubiera escuchado a Jonathan, podríamos haber ido directamente a nuestra habitación por esa ruta todos los días y hubiéramos ahorrado mucho tiempo.

Mi punto es que algunas veces lo que vimos como ejemplo cuando éramos chicos no es la mejor ruta para nuestra vida.

"Mi madre era una preocupona. Ahora no puedo dejar de preocuparme". ¿Puedo decirle que ese es el camino largo?

"Mi padre siempre perdía los papeles. De tal Palo, tal astilla. Tampoco puedo controlar mi temperamento".

Ese también es el camino largo.

Examine sus acciones y su vida. Pregúntese: "¿Estoy tomando el camino largo? ¿Estoy guardando un rencor y no estoy perdonando a alguien porque es lo que he visto como ejemplo? ¿Estoy inseguro, sintiéndome menos que los demás porque crecí con personas que se sentían así? ¿Estoy tomando malas decisiones, cayendo en la tentación y cediendo porque es lo único que he visto?".

Ese es el camino largo. No se quede atorado en una rutina y vaya por el camino largo año tras año. Reconozca lo que está sucediendo y haga los ajustes correctos.

Una mujer una vez escribió su autobiografía en cuatro capítulos muy cortos. Iba más o menos así:

Capítulo uno: "Caminé por una calle nueva. Había un profundo agujero en la acera. Caí en él. No era mi culpa. Me tomó mucho tiempo, pero finalmente salí".

Capítulo dos: "Camine por la misma calle. Había un profundo agujero en la acera. Caí en él. Fue mi culpa. Me tomó mucho tiempo, pero finalmente salí".

Capítulo tres: "Camine por la misma calle. Había un profundo agujero en la acera. Lo rodee".

Capítulo cuatro: "Me fui por otra calle".

"¿Estoy tomando el camino largo? ¿Estoy guardando un rencor y no estoy perdonando a alguien porque es lo que he visto como ejemplo?".

Con mucha frecuencia seguimos repitiendo los mismos errores, presentando excusas y culpando el pasado o a nuestros padres.

Mejor responsabilícese. No tome ese camino una y otra vez, perdiendo el control, cediendo, preocupándose y siendo negativo.

Rompa el ciclo

Si usted rompe esos ciclos de comportamiento repetitivo, usted subirá a un nuevo nivel en su destino. Si no, vivirá una vida derrotada.

En 1874, un miembro de la junta de la prisión de Nueva York observó que había seis personas de la misma familia cumpliendo sentencias en una de las prisiones. Intrigado hizo un estudio. Rastreó la línea familiar hasta a un hombre de nombre Max Jukes, quien nació en 1720. Era conocido como un buscapleitos, un bebedor empedernido sin integridad. Se casó con una mujer justo como él. Tuvieron seis hijas y dos hijos. Estudió a mil doscientos de sus descendientes. De ellos 310 fueron indigentes, 180 fueron alcohólicos, 161 fueron drogadictos, 150 fueron criminales y 7 de ellos cometieron homicidio.

Usted puede ser quien inicie un legado de Dios en su descendencia.

También se estudió a otra familia que vivió en la misma época. La cabeza de esta familia era Jonathan Edwards, quien nació en 1703. Fue un teólogo famoso y el presidente de la Universidad de Princeton. Se casó con su esposa, Sarah, y fue un devoto hombre de familia. Permanecieron casados 31 años, hasta su muerte, y tuvieron 11 hijos. Se estudiaron a mil cuatrocientos de sus descendientes. Entre ellos estaban 13 presidentes de universidades, 66 eran profesores, 100 eran abogados, 85 eran autores de libros clásicos, 32 eran jueces estatales, 66 eran médicos y 80 fueron funcionarios públicos, incluyendo 3 gobernadores, 3 senadores de los EE. UU. y 1 vicepresidente de los Estados Unidos.

Mi punto es que lo que usted herede a la siguiente generación marca una diferencia. Sus decisiones hoy afectan a futuras generaciones. Como los Jukes, usted podría tener algunas cosas negativas en su línea familiar. Y continuarán hasta que alguien se levante y les ponga un alto. Usted puede ser esa persona. Dios lo ha levantado para un momento como este. Usted tiene la fuerza más poderosa del universo dentro de usted.

No sea complaciente. No acepte menos que lo mejor de Dios. Nunca cambiará lo que tolere. Usted necesita ponerse firme y decir: "Suficiente. No voy a vivir mi vida adicto, enojado, deprimido o derrotado. Estoy desactivando esos genes. Estoy tomando decisiones que ayudarán a mi familia y que no la obstaculizarán".

Usted puede ser quien inicie un legado de Dios en su descendencia. Usted puede romper cualquier maldición generacional e iniciar una bendición generacional. Usted no tiene que comer las uvas agrias. El Señor soberano sigue vivo.

Sí, los genes negativos pueden ser heredados, pero recuerde que su Padre celestial puso nuevos genes en usted. En este linaje hay fuerza. Hay victoria. Hay disciplina. Hay favor. Apague lo negativo y encienda lo que Dios ha puesto en usted.

Si usted aprende a activar los genes correctos y a tomar decisiones que honren a Dios, creo y declaro que romperá todo ciclo negativo que lo ha detenido. Usted y su familia se levantarán a un nuevo nivel de honor, un nuevo nivel de influencia, un nuevo nivel de favor. Usted siempre vivirá bajo bendición y nunca bajo maldición.

Ya le dije cómo mi papá venció el origen más pobre de entre lo pobre para convertirse en líder de una de las iglesias más grandes de los Estados Unidos. Ciertamente, las probabilidades estaban en su contra, y sin ninguna sorpresa, todos a su alrededor trataron de desalentarlo. Le decían: "John, nunca vas a tener éxito allá afuera por tu cuenta. Mejor quédate aquí con nosotros y recoge algodón. Es todo lo que sabes hacer. Quédate aquí donde es seguro".

Pero mi papá no estaba satisfecho con dónde estaba en la vida. Él creyó que Dios tenía algo más preparado para él, y como estaba dispuesto a dar pasos de fe, rompió esa maldición de pobreza en nuestra familia. Ahora, mis hermanos y yo, nuestros hijos, nietos e incluso nuestros bisnietos, pueden experimentar más de la bondad de Dios gracias a lo que hizo un hombre.

Usted, también, puede afectar generaciones por venir con las decisiones que tome hoy. Si usted no está experimentando la vida abundante de Dios, déjeme desafiarlo a creer por más. No se siente simplemente y acepte el "statu quo". No se conforme únicamente con lo que sus padres tuvieron. Usted puede ir más allá de eso. Puede hacer más, tener más, ser más. Hoy, comience a ver más allá de dónde está hacia dónde quiere estar.

PARTE TRES

EL PODER *de la* PALABRA *de* DIOS

Al principio de cada servicio de adoración en Lakewood Church hago que toda la congregación se ponga de pie, levante su Biblia en alto y que repita después de mí:

Esta es mi Biblia.

Yo soy lo que dice que soy.

Yo tengo lo que dice que tengo.

Puedo hacer lo que dice que puedo hacer.

Hoy voy a ser enseñado la Palabra de Dios. Y

> *audazmente confieso:*

> *Mi mente está alerta.*

Mi corazón está receptivo.

Nunca seré el mismo.

Estoy a punto de recibir la semilla incorruptible,

> *indestructible y eterna de la Palabra de Dios.*

Nunca volveré a ser el mismo.

Esta confesión del papel central de la Palabra de Dios en la vida de los creyentes es la fuerza impulsora de nuestra iglesia y es una clave esencial para que usted permanezca conectado con Dios. Esta es la razón por la que le pedí a mi equipo editorial que elaborara los siguientes seis apéndices con información útil que lo habilitará para entender mejor la Biblia. Si usted se atreve a creerle a Dios y simplemente actuar en su Palabra, ¡las posibilidades para su vida son infinitas!

Comienza su andar con Dios

Jesús vino para que tuviéramos una *relación* con Dios, quien es nuestro Padre celestial. Cuando aceptamos a Jesús como nuestro Salvador y Señor, cuando somos "nacidos de nuevo", comenzamos a tener un deseo de conocer mejor a nuestro Padre celestial. La gente me pregunta con frecuencia: "¿Cómo puedo tener una relación con Dios?". Permítame compartirle algunos pensamientos que creo lo ayudarán.

Haga de pasar tiempo a solas con Dios todos los días una prioridad

Para mí, esto funciona mejor como lo primero en la mañana. Me gusta pasar los primeros veinticinco a treinta minutos de mi día agradeciéndole a Dios por todo lo que ha hecho por mí, echando mis ansiedades y preocupaciones sobre Él, recibiendo su paz y gozo y fuerza, y luego paso tiempo leyendo la Biblia. Quizá la mañana no sea lo que mejor le funcione a usted. Tengo amigos que pasan tiempo a solas con Dios durante el receso para almorzar o justo antes de irse a dormir por la noche. Lo que le funcione mejor por su horario, haga una prioridad de pasar tiempo a solas con Dios cada día.

Lea su Biblia todos los días

Encuentre una traducción de la Biblia que sea fácil de comprender. Como la Nueva Versión Internacional o la Reina-Valera Contemporánea. Y luego pase algunos minutos de cada día leyendo la Biblia. Para el primer año de su nuevo caminar con Dios, le sugiero leer de los Salmos y Proverbios y de los Evangelios. Los Salmos es una colección de canciones y oraciones, muchas escritas por el rey David. Proverbios es un libro de sabiduría práctica para vivir la vida diaria. Y los Evangelios—Mateo, Marcos, Lucas y Juan—son el registro de la vida de Jesús. Un buen plan es leer un capítulo de cada una de estas partes de la Biblia cada día. Antes de que comience a leer, ore y pídale a Dios que abra sus ojos y oídos espirituales y haga su corazón receptivo a lo que Él tiene que decirle desde su Palabra en ese día. Usted se sorprenderá a medida que Dios se revele a sí mismo a través de su Palabra.

Pase tiempo hablando con Dios a lo largo del día

La oración es simplemente hablar con Dios desde su corazón. A mí siempre me gusta comenzar mi tiempo de oración agradeciéndole a Dios por lo que Él ha hecho por mí. La Biblia dice: *"Entrad por sus puertas con acción de gracias, por sus atrios con alabanza"* (Salmo 100:4). Y entonces pídale a Dios lo que necesite. Si comete errores (¡y todos lo hacemos!), pida su misericordia y perdón, pida fuerza, pida sanidad, pida paz y pida sabiduría y guía. Y luego agradézcale que haya escuchado su oración y que Él va a hacer lo que le ha pedido. La Biblia dice:

> *Por nada estéis afanosos, sino sean conocidas vuestras peticiones delante de Dios en toda oración y ruego, con acción de gracias. Y la paz de Dios, que sobrepasa todo entendimiento, guardará vuestros corazones y vuestros pensamientos en Cristo Jesús.*
>
> *FILIPENSES 4:6–7*

Haga declaraciones positivas llenas de fe sobre su vida

Hay poder creativo en sus palabras. Nuestras palabras profetizan nuestro futuro. Todos los días me gusta decir lo que Dios dice de mí. Todos los días me gusta hacer declaraciones como:

> *Soy amado.*
> *Soy perdonado. Soy bendecido.*
> *Soy un hijo del Dios altísimo. Soy aprobado por Dios.*
> *Estoy en las palmas de las manos de Dios. Dios está dirigiendo mis pasos.*

Soy bien capaz de hacer lo que Dios me ha llamado que haga.

Dios está haciendo que todas las cosas me ayuden a bien.

Todo lo puedo en Cristo que me fortalece.

Todos los días y a lo largo de todo el día lo animo a que haga declaraciones positivas llenas de fe sobre usted mismo y su familia y las situaciones que enfrenta. No permita que de su boca salgan palabras negativas. No use sus palabras para *describir* su situación; use sus palabras para *cambiar* su situación. Al hacer esto, usted profetizará su futuro. Y yo creo que verá que su vida y su familia y sus situaciones comienzan a cambiar.

Encuentre una buena iglesia que sea su hogar

Dios quiere que seamos parte de una comunidad de creyentes. Yo lo animaría a encontrar una iglesia en su zona donde se predique la Biblia y hacer de esa iglesia su hogar. Haga una prioridad asistir a esa iglesia tan a menudo como pueda. Acérquese a conocer al pastor. Escuche cuando se enseñe la Palabra de Dios. Sirva y apoye siempre que pueda y como pueda. Como parte de una comunidad de creyentes, creo que seguirá creciendo en su andar con el Señor.

Amigo, mi oración es que a medida que conozca a su Padre celestial y todo lo que Él ha hecho por usted, usted siga levantándose más alto para derrotar cada enemigo, vencer cada obstáculo y cumplir cada sueño y plan que Él tiene para su futuro.

Promesas de Dios para cada necesidad

ACEPTACIÓN

Y Jehová respondió a Samuel: No mires a su parecer, ni a lo grande de su estatura, porque yo lo desecho; porque Jehová no mira lo que mira el hombre; pues el hombre mira lo que está delante de sus ojos, pero Jehová mira el corazón.

1 SAMUEL 16:7

Reconozcan que el Señor es Dios; él nos hizo, y somos suyos. Somos su pueblo, ovejas de su prado.

SALMO 100:3

Ahora, así dice Jehová, Creador tuyo, oh Jacob, y Formador tuyo, oh Israel: No temas, porque yo te redimí; te puse nombre, mío eres tú.

ISAÍAS 43:1

Jehová se manifestó a mí hace ya mucho tiempo, diciendo: Con amor eterno te he amado; por tanto, te prolongué mi misericordia.

JEREMÍAS 31:3

Todo lo que el Padre me da, vendrá a mí; y al que a mí viene, no le echo fuera.

JUAN 6:37

Porque somos hechura suya, creados en Cristo Jesús para buenas obras, las cuales Dios preparó de antemano para que anduviésemos en ellas.

EFESIOS 2:10

ADICCIONES

E invócame en el día de la angustia; te libraré, y tú me honrarás.

SALMO 50:15

¿No es más bien el ayuno que yo escogí, desatar las ligaduras de impiedad, soltar las cargas de opresión, y dejar ir libres a los quebrantados, y que rompáis todo yugo?

ISAÍAS 58:6

Os daré corazón nuevo, y pondré espíritu nuevo dentro de vosotros; y quitaré de vuestra carne el corazón de piedra, y os daré un corazón de carne. Y pondré dentro de vosotros mi Espíritu, y haré que andéis en mis estatutos, y guardéis mis preceptos, y los pongáis por obra.

EZEQUIEL 36:26–27

Así que, si el Hijo os libertare, seréis verdaderamente libres.

JUAN 8:36

Ahora, pues, ninguna condenación hay para los que están en Cristo Jesús, los que no andan conforme a la carne, sino conforme al Espíritu. Porque la ley del Espíritu de vida en Cristo Jesús me ha librado de la ley del pecado y de la muerte.

ROMANOS 8:1–2

No os ha sobrevenido ninguna tentación que no sea humana; pero fiel es Dios, que no os dejará ser tentados más de lo que podéis resistir, sino que dará también juntamente con la tentación la salida, para que podáis soportar.

1 CORINTIOS 10:13

De modo que si alguno está en Cristo, nueva criatura es; las cosas viejas pasaron; he aquí todas son hechas nuevas.

2 CORINTIOS 5:17

AFLICCIÓN

Pero Dios redimirá mi vida del poder del Seol, porque él me tomará consigo.

SALMO 49:15

Cuando pases por las aguas, yo estaré contigo; y si por los ríos, no te anegarán. Cuando pases por el fuego, no te quemarás, ni la llama arderá en ti.

ISAÍAS 43:2

Bienaventurados los que lloran, porque ellos recibirán consolación.

MATEO 5:4

Entonces Jesús le dijo: De cierto te digo que hoy estarás conmigo en el paraíso.

LUCAS 23:43

¿Dónde está, oh muerte, tu aguijón? ¿Dónde, oh sepulcro, tu victoria? ya que el aguijón de la muerte es el pecado, y el poder del pecado, la ley. Mas gracias sean dadas a Dios, que nos da la victoria por medio de nuestro Señor Jesucristo.

1 CORINTIOS 15:55–57

Bendito sea el Dios y Padre de nuestro Señor Jesucristo, Padre de misericordias y Dios de toda consolación, el cual nos consuela en todas nuestras tribulaciones, para que podamos también nosotros consolar a los que están en cualquier tribulación, por medio de la consolación con que nosotros somos consolados por Dios.

2 CORINTIOS 1:3–4

Tampoco queremos, hermanos, que ignoréis acerca de los que duermen, para que no os entristezcáis como los otros que no tienen esperanza. Porque si creemos que Jesús murió y resucitó, así también traerá Dios con Jesús a los que durmieron en él.

1 TESALONICENSES 4:13–14

Enjugará Dios toda lágrima de los ojos de ellos; y ya no habrá muerte, ni habrá más llanto, ni clamor, ni dolor; porque las primeras cosas pasaron.

APOCALIPSIS 21:4

AMISTAD

Aconteció que cuando él hubo acabado de hablar con Saúl, el alma de Jonatán quedó ligada con la de David, y lo amó Jonatán como a sí mismo. Y Saúl le tomó aquel día, y no le dejó volver a casa de su padre. E hicieron pacto Jonatán y David, porque él le amaba como a sí mismo.

1 SAMUEL 18:1–3

El que anda con sabios, sabio será; mas el que se junta con necios será quebrantado.

PROVERBIOS 13:20

En todo tiempo ama el amigo, y es como un hermano en tiempo de angustia.

PROVERBIOS 17:17

El hombre que tiene amigos ha de mostrarse amigo; y amigo hay más unido que un hermano.

PROVERBIOS 18:24

Pues si yo, el Señor y el Maestro, he lavado vuestros pies, vosotros también debéis lavaros los pies los unos a los otros. Porque ejemplo os he dado, para que como yo os he hecho, vosotros también hagáis.

JUAN 13:14–15

Este es mi mandamiento: Que os améis unos a otros, como yo os he amado. Nadie tiene mayor amor que este, que uno ponga su vida por sus amigos.

JUAN 15:12–13

No hagan nada por egoísmo o vanidad; más bien, con humildad consideren a los demás como superiores a ustedes mismos. Cada uno debe velar no sólo por sus propios intereses sino también por los intereses de los demás.

FILIPENSES 2:3–4, NVI

Sobre todo, ámense los unos a los otros profundamente, porque el amor cubre multitud de pecados.

1 PEDRO 4:8

AMOR

Ahora, pues, Israel, ¿qué pide Jehová tu Dios de ti, sino que temas a Jehová tu Dios, que andes en todos sus caminos, y que lo ames, y sirvas a Jehová tu Dios con todo tu corazón y con toda tu alma[...]?

DEUTERONOMIO 10:12

Jesús le dijo: Amarás al Señor tu Dios con todo tu corazón, y con toda tu alma, y con toda tu mente. Este es el primero y grande mandamiento. Y el segundo es semejante: Amarás a tu prójimo como a ti mismo.

MATEO 22:37–39

Un mandamiento nuevo os doy: Que os améis unos a otros; como yo os he amado, que también os améis unos a otros. En esto conocerán todos que sois mis discípulos, si tuviereis amor los unos con los otros.

JUAN 13:34–35

Por lo cual estoy seguro de que ni la muerte, ni la vida, ni ángeles, ni principados, ni potestades, ni lo presente, ni lo por venir, ni lo alto, ni lo profundo, ni ninguna otra cosa creada nos podrá separar del amor de Dios, que es en Cristo Jesús Señor nuestro.

ROMANOS 8:38–39

El amor sea sin fingimiento. Aborreced lo malo, seguid lo bueno. Amaos los unos a los otros con amor fraternal; en cuanto a honra, prefiriéndoos los unos a los otros.

ROMANOS 12:9–10

El amor es sufrido, es benigno; el amor no tiene envidia, el amor no es jactancioso, no se envanece; no hace nada indebido, no busca lo suyo, no se irrita, no guarda rencor; no se goza de la injusticia, mas se goza de la verdad. Todo lo sufre, todo lo cree, todo lo espera, todo lo soporta.

1 CORINTIOS 13:4–7

Amados, amémonos unos a otros; porque el amor es de Dios. Todo aquel que ama, es nacido de Dios, y conoce a Dios.

1 JUAN 4:7

AMOR DE DIOS

Jehová se manifestó a mí hace ya mucho tiempo, diciendo: Con amor eterno te he amado; por tanto, te prolongué mi misericordia.

JEREMÍAS 31:3

Porque de tal manera amó Dios al mundo, que ha dado a su Hijo unigénito, para que todo aquel que en él cree, no se pierda, mas tenga vida eterna.

JUAN 3:16

Mas Dios muestra su amor para con nosotros, en que siendo aún pecadores, Cristo murió por nosotros.

ROMANOS 5:8

Por lo cual estoy seguro de que ni la muerte, ni la vida, ni ángeles, ni principados, ni potestades, ni lo presente, ni lo por venir, ni lo alto, ni lo profundo, ni ninguna otra cosa creada nos podrá separar del amor de Dios, que es en Cristo Jesús Señor nuestro.

ROMANOS 8:38–39

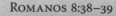

Pero Dios, que es rico en misericordia, por su gran amor con que nos amó, aun estando nosotros muertos en pecados, nos dio vida juntamente con Cristo (por gracia sois salvos), y juntamente con él nos resucitó, y asimismo nos hizo sentar en los lugares celestiales con Cristo Jesús.

EFESIOS 2:4–6

…Dios es amor. En esto se mostró el amor de Dios para con nosotros, en que Dios envió a su Hijo unigénito al mundo, para que vivamos por él. En esto consiste el amor: no en que nosotros hayamos amado a Dios, sino en que él nos amó a nosotros, y envió a su Hijo en propiciación por nuestros pecados. Amados, si Dios nos ha amado así, debemos también nosotros amarnos unos a otros.

1 JUAN 4:8–11

ÁNIMO

Dios es nuestro amparo y nuestra fortaleza, nuestra ayuda segura en momentos de angustia. Por eso, no temeremos aunque se desmorone la tierra y las montañas se hundan en el fondo del mar; aunque rujan y se encrespen sus aguas, y ante su furia retiemblen los montes.

SALMO 46:1–3, NVI

Encomienda al Señor tus afanes, y él te sostendrá; no permitirá que el justo caiga y quede abatido para siempre.

SALMO 55:22, NVI

Éste es mi consuelo en medio del dolor: que tu promesa me da vida.

SALMO 119:50, NVI

Confía en el Señor de todo corazón, y no en tu propia inteligencia. Reconócelo en todos tus caminos, y él allanará tus sendas.

PROVERBIOS 3:5–6, NVI

Torre inexpugnable es el nombre del Señor; a ella corren los justos y se ponen a salvo.

PROVERBIOS 18:10, NVI

Al de carácter firme lo guardarás en perfecta paz, porque en ti confía.

ISAÍAS 26:3, NVI

La paz les dejo; mi paz les doy. Yo no se la doy a ustedes como la da el mundo. No se angustien ni se acobarden.

JUAN 14:27, NVI

Yo les he dicho estas cosas para que en mí hallen paz. En este mundo afrontarán aflicciones, pero ¡anímense! Yo he vencido al mundo.

JUAN 16:33, NVI

BENDICIÓN

Adora al Señor tu Dios, y él bendecirá tu pan y tu agua. Yo apartaré de ustedes toda enfermedad.

ÉXODO 23:25, NVI

Si obedeces al Señor tu Dios, todas estas bendiciones vendrán sobre ti y te acompañarán siempre.

DEUTERONOMIO 28:2, NVI

El Señor bendijo más los últimos años de Job que los primeros.

JOB 42:12, NVI

Dichoso el hombre que no sigue el consejo de los malvados, ni se detiene en la senda de los pecadores ni cultiva la amistad de los blasfemos, sino que en la ley del Señor se deleita, y día y noche medita en ella.

SALMO 1:1–2, NVI

Dichoso el que piensa en el débil; el Señor lo librará en el día de la desgracia. El Señor lo protegerá y lo mantendrá con vida; lo hará dichoso en la tierra y no lo entregará al capricho de sus adversarios.

SALMO 41:1–2, NVI

Traigan íntegro el diezmo para los fondos del templo, y así habrá alimento en mi casa. Pruébenme en esto —dice el Señor Todopoderoso—, y vean si no abro las compuertas del cielo y derramo sobre ustedes bendición hasta que sobreabunde.

Malaquías 3:10, nvi

Dichosos los pobres en espíritu, porque el reino de los cielos les pertenece. Dichosos los que lloran, porque serán consolados. Dichosos los humildes, porque recibirán la tierra como herencia. Dichosos los que tienen hambre y sed de justicia, porque serán saciados. Dichosos los compasivos, porque serán tratados con compasión. Dichosos los de corazón limpio, porque ellos verán a Dios. Dichosos los que trabajan por la paz, porque serán llamados hijos de Dios. Dichosos los perseguidos por causa de la justicia, porque el reino de los cielos les pertenece. Dichosos serán ustedes cuando por mi causa la gente los insulte, los persiga y levante contra ustedes toda clase de calumnias.

Mateo 5:3–11, nvi

CONFIANZA

El producto de la justicia será la paz; tranquilidad y seguridad perpetuas serán su fruto.

ISAÍAS 32:17, NVI

Bendito el hombre que confía en el Señor, y pone su confianza en él.

JEREMÍAS 17:7, NVI

Pues estoy convencido de que ni la muerte ni la vida, ni los ángeles ni los demonios, ni lo presente ni lo por venir, ni los poderes, ni lo alto ni lo profundo, ni cosa alguna en toda la creación, podrá apartarnos del amor que Dios nos ha manifestado en Cristo Jesús nuestro Señor.

ROMANOS 8:38–39, NVI

En él, mediante la fe, disfrutamos de libertad y confianza para acercarnos a Dios.

EFESIOS 3:12, NVI

Por ese motivo padezco estos sufrimientos. Pero no me avergüenzo, porque sé en quién he creído, y estoy seguro de que tiene poder para guardar hasta aquel día lo que le he confiado.

2 TIMOTEO 1:12, NVI

Acerquémonos, pues, confiadamente al trono de la gracia, para alcanzar misericordia y hallar gracia para el oportuno socorro.

HEBREOS 4:16, NVI

Ese amor se manifiesta plenamente entre nosotros para que en el día del juicio comparezcamos con toda confianza, porque en este mundo hemos vivido como vivió Jesús.

1 JUAN 4:17, NVI

Ésta es la confianza que tenemos al acercarnos a Dios: que si pedimos conforme a su voluntad, él nos oye.

1 JUAN 5:14, NVI

CONSUELO

El Señor mismo marchará al frente de ti y estará contigo; nunca te dejará ni te abandonará. No temas ni te desanimes.

DEUTERONOMIO 31:8, NVI

Ya te lo he ordenado: ¡Sé fuerte y valiente! ¡No tengas miedo ni te desanimes! Porque el Señor tu Dios te acompañará dondequiera que vayas.

JOSUÉ 1:9, NVI

El Señor es refugio de los oprimidos; es su baluarte en momentos de angustia.

SALMO 9:9, NVI

Aun si voy por valles tenebrosos, no temo peligro alguno porque tú estás a mi lado; tu vara de pastor me reconforta.

SALMO 23:4, NVI

El Señor es mi luz y mi salvación; ¿a quién temeré? El Señor es el baluarte de mi vida; ¿quién podrá amedrentarme?

SALMO 27:1, NVI

Dios es nuestro amparo y nuestra fortaleza, nuestra ayuda segura en momentos de angustia.

SALMO 46:1, NVI

Dame una muestra de tu amor, para que mis enemigos la vean y se avergüencen, porque tú, Señor, me has brindado ayuda y consuelo.

Salmo 86:17, nvi

Que sea tu gran amor mi consuelo, conforme a la promesa que hiciste a tu siervo.

Salmo 119:76, nvi

DEPRESIÓN

Jehová será refugio del pobre, refugio para el tiempo de angustia. En ti confiarán los que conocen tu nombre, por cuanto tú, oh Jehová, no desamparaste a los que te buscaron.

SALMO 9:9–10

Claman los justos, y Jehová oye, y los libra de todas sus angustias.

SALMO 34:17

Luego que clamaron a Jehová en su angustia, los libró de sus aflicciones; los sacó de las tinieblas y de la sombra de muerte, y rompió sus prisiones. Alaben la misericordia de Jehová, y sus maravillas para con los hijos de los hombres. Porque quebrantó las puertas de bronce, y desmenuzó los cerrojos de hierro.

SALMO 107:13–16

Cuando pases por las aguas, yo estaré contigo; y si por los ríos, no te anegarán. Cuando pases por el fuego, no te quemarás, ni la llama arderá en ti.

ISAÍAS 43:2

Porque los montes se moverán, y los collados temblarán, pero no se apartará de ti mi misericordia, ni el pacto de mi paz se quebrantará, dijo Jehová, el que tiene misericordia de ti.

ISAÍAS 54:10

Pues Dios no es Dios de confusión, sino de paz. Como en todas las iglesias de los santos.

1 CORINTIOS 14:33

Bendito sea el Dios y Padre de nuestro Señor Jesucristo, Padre de misericordias y Dios de toda consolación, el cual nos consuela en todas nuestras tribulaciones, para que podamos también nosotros consolar a los que están en cualquier tribulación, por medio de la consolación con que nosotros somos consolados por Dios.

2 CORINTIOS 1:3–4

Amados, no os sorprendáis del fuego de prueba que os ha sobrevenido, como si alguna cosa extraña os aconteciese, sino gozaos por cuanto sois participantes de los padecimientos de Cristo, para que también en la revelación de su gloria os gocéis con gran alegría.

1 PEDRO 4:12–13

DIRECCIÓN

Las cosas secretas pertenecen a Jehová nuestro Dios; mas las reveladas son para nosotros y para nuestros hijos para siempre, para que cumplamos todas las palabras de esta ley.

DEUTERONOMIO 29:29

Muéstrame, oh Jehová, tus caminos; enséñame tus sendas. Encamíname en tu verdad, y enséñame, porque tú eres el Dios de mi salvación; en ti he esperado todo el día.

SALMO 25:4–5

Fíate de Jehová de todo tu corazón, y no te apoyes en tu propia prudencia. Reconócelo en todos tus caminos, y él enderezará tus veredas.

PROVERBIOS 3:5–6

No temas, porque yo estoy contigo; no desmayes, porque yo soy tu Dios que te esfuerzo; siempre te ayudaré, siempre te sustentaré con la diestra de mi justicia.

ISAÍAS 41:10

Aún tengo muchas cosas que deciros, pero ahora no las podéis sobrellevar. Pero cuando venga el Espíritu de verdad, él os guiará a toda la verdad; porque no hablará por su propia cuenta, sino que hablará todo lo que oyere, y os hará saber las cosas que habrán de venir.

JUAN 16:12–13

Porque ¿quién conoció la mente del Señor? ¿Quién le instruirá? Mas nosotros tenemos la mente de Cristo.

1 CORINTIOS 2:16

Y si alguno de vosotros tiene falta de sabiduría, pídala a Dios, el cual da a todos abundantemente y sin reproche, y le será dada. Pero pida con fe, no dudando nada; porque el que duda es semejante a la onda del mar, que es arrastrada por el viento y echada de una parte a otra.

SANTIAGO 1:5–6

ESPERANZA

¿Por qué te abates, oh alma mía, y te turbas dentro de mí? Espera en Dios; porque aún he de alabarle, salvación mía y Dios mío.

SALMO 42:5

Porque yo sé los pensamientos que tengo acerca de vosotros, dice Jehová, pensamientos de paz, y no de mal, para daros el fin que esperáis.

JEREMÍAS 29:11

Esto recapacitaré en mi corazón, por lo tanto esperaré. Por la misericordia de Jehová no hemos sido consumidos, porque nunca decayeron sus misericordias. Nuevas son cada mañana; grande es tu fidelidad. Mi porción es Jehová, dijo mi alma; por tanto, en él esperaré.

LAMENTACIONES 3:21–24

Y la esperanza no avergüenza; porque el amor de Dios ha sido derramado en nuestros corazones por el Espíritu Santo que nos fue dado.

ROMANOS 5:5

Y el Dios de esperanza os llene de todo gozo y paz en el creer, para que abundéis en esperanza por el poder del Espíritu Santo.

ROMANOS 15:13

A quienes Dios quiso dar a conocer las riquezas de la gloria de este misterio entre los gentiles; que es Cristo en vosotros, la esperanza de gloria.

COLOSENSES 1:27

Es, pues, la fe la certeza de lo que se espera, la convicción de lo que no se ve.

HEBREOS 11:1

ESTRÉS

¿No te lo he ordenado yo? ¡Sé fuerte y valiente! No temas ni te acobardes, porque el Señor tu Dios estará contigo dondequiera que vayas.

JOSUÉ 1:9, NBLH

Encomienda al Señor tus afanes, y él te sostendrá; no permitirá que el justo caiga y quede abatido para siempre.

SALMO 55:22, NVI

Bendito el hombre que confía en el Señor, y pone su confianza en él. Será como un árbol plantado junto al agua, que extiende sus raíces hacia la corriente; no teme que llegue el calor, y sus hojas están siempre verdes. En época de sequía no se angustia, y nunca deja de dar fruto.

JEREMÍAS 17:7–8, NVI

Vengan a mí todos ustedes que están cansados y agobiados, y yo les daré descanso. Carguen con mi yugo y aprendan de mí, pues yo soy apacible y humilde de corazón, y encontrarán descanso para su alma. Porque mi yugo es suave y mi carga es liviana.

MATEO 11:28–30, NVI

Nos vemos atribulados en todo, pero no abatidos; perplejos, pero no desesperados; perseguidos, pero no abandonados; derribados, pero no destruidos.

2 Corintios 4:8–9, nvi

Pues aunque vivimos en el mundo, no libramos batallas como lo hace el mundo. Las armas con que luchamos no son del mundo, sino que tienen el poder divino para derribar fortalezas. Destruimos argumentos y toda altivez que se levanta contra el conocimiento de Dios, y llevamos cautivo todo pensamiento para que se someta a Cristo.

2 Corintios 10:3–5, nvi

No se inquieten por nada; más bien, en toda ocasión, con oración y ruego, presenten sus peticiones a Dios y denle gracias. Y la paz de Dios, que sobrepasa todo entendimiento, cuidará sus corazones y sus pensamientos en Cristo Jesús.

Filipenses 4:6–7, nvi

Humíllense, pues, bajo la poderosa mano de Dios, para que él los exalte a su debido tiempo. Depositen en él toda ansiedad, porque él cuida de ustedes.

1 Pedro 5:6–7, nvi

FE

Jesús les dijo: Por vuestra poca fe; porque de cierto os digo, que si tuviereis fe como un grano de mostaza, diréis a este monte: Pásate de aquí allá, y se pasará; y nada os será imposible.

MATEO 17:20

Porque en el evangelio la justicia de Dios se revela por fe y para fe, como está escrito: Mas el justo por la fe vivirá.

ROMANOS 1:17

Porque ¿qué dice la Escritura? Creyó Abraham a Dios, y le fue contado por justicia.

ROMANOS 4:3

Justificados, pues, por la fe, tenemos paz para con Dios por medio de nuestro Señor Jesucristo; por quien también tenemos entrada por la fe a esta gracia en la cual estamos firmes, y nos gloriamos en la esperanza de la gloria de Dios.

ROMANOS 5:1–2

Porque por gracia ustedes han sido salvados mediante la fe; esto no procede de ustedes, sino que es el regalo de Dios, no por obras, para que nadie se jacte.

EFESIOS 2:8–9

Es, pues, la fe la certeza de lo que se espera, la convicción de lo que no se ve.

HEBREOS 11:1

Pero sin fe es imposible agradar a Dios; porque es necesario que el que se acerca a Dios crea que le hay, y que es galardonador de los que le buscan.

HEBREOS 11:6

Porque todo lo que es nacido de Dios vence al mundo; y esta es la victoria que ha vencido al mundo, nuestra fe. ¿Quién es el que vence al mundo, sino el que cree que Jesús es el Hijo de Dios?

1 JUAN 5:4–5

FINANZAS

Te abrirá Jehová su buen tesoro, el cielo, para enviar la lluvia a tu tierra en su tiempo, y para bendecir toda obra de tus manos. Y prestarás a muchas naciones, y tú no pedirás prestado.

DEUTERONOMIO 28:12

Jehová es mi pastor; nada me faltará.

SALMO 23:1

La mano negligente empobrece; mas la mano de los diligentes enriquece.

PROVERBIOS 10:4

Las riquezas de vanidad disminuirán; pero el que recoge con mano laboriosa las aumenta.

PROVERBIOS 13:11

Traed todos los diezmos al alfolí y haya alimento en mi casa; y probadme ahora en esto, dice Jehová de los ejércitos, si no os abriré las ventanas de los cielos, y derramaré sobre vosotros bendición hasta que sobreabunde.

MALAQUÍAS 3:10

No os afanéis, pues, diciendo: ¿Qué comeremos, o qué beberemos, o qué vestiremos? Porque los gentiles buscan todas estas cosas; pero vuestro Padre celestial sabe que tenéis necesidad de todas estas cosas.

MATEO 6:31–33

Dad, y se os dará; medida buena, apretada, remecida y rebosando darán en vuestro regazo; porque con la misma medida con que medís, os volverán a medir.

LUCAS 6:38

Mi Dios, pues, suplirá todo lo que os falta conforme a sus riquezas en gloria en Cristo Jesús.

FILIPENSES 4:19

Amado, yo deseo que tú seas prosperado en todas las cosas, y que tengas salud, así como prospera tu alma.

3 JUAN 1:2

FORTALEZA

Jehová es mi fortaleza y mi cántico, y ha sido mi salvación. Este es mi Dios, y lo alabaré; Dios de mi padre, y lo enalteceré.

ÉXODO 15:2

Jehová es mi luz y mi salvación; ¿de quién temeré? Jehová es la fortaleza de mi vida; ¿de quién he de atemorizarme?

SALMO 27:1

Esforzaos todos vosotros los que esperáis en Jehová, y tome aliento vuestro corazón.

SALMO 31:24

El da esfuerzo al cansado, y multiplica las fuerzas al que no tiene ningunas. Los muchachos se fatigan y se cansan, los jóvenes flaquean y caen; pero los que esperan a Jehová tendrán nuevas fuerzas; levantarán alas como las águilas; correrán, y no se cansarán; caminarán, y no se fatigarán.

ISAÍAS 40:29–31

No temas, porque yo estoy contigo; no desmayes, porque yo soy tu Dios que te esfuerzo; siempre te ayudaré, siempre te sustentaré con la diestra de mi justicia.

ISAÍAS 41:10

Y me ha dicho: Bástate mi gracia; porque mi poder se perfecciona en la debilidad.

2 Corintios 12:9

Todo lo puedo en Cristo que me fortalece.

Filipenses 4:13

GOZO

Luego les dijo: Id, comed grosuras, y bebed vino dulce, y enviad porciones a los que no tienen nada preparado; porque día santo es a nuestro Señor; no os entristezcáis, porque el gozo de Jehová es vuestra fuerza.

NEHEMÍAS 8:10

Me mostrarás la senda de la vida; en tu presencia hay plenitud de gozo; delicias a tu diestra para siempre.

SALMO 16:11

Porque un momento será su ira, pero su favor dura toda la vida. Por la noche durará el lloro, y a la mañana vendrá la alegría.

SALMO 30:5

A ordenar que a los afligidos de Sion se les dé gloria en lugar de ceniza, óleo de gozo en lugar de luto, manto de alegría en lugar del espíritu angustiado; y serán llamados árboles de justicia, plantío de Jehová, para gloria suya.

ISAÍAS 61:3

Estas cosas os he hablado, para que mi gozo esté en vosotros, y vuestro gozo sea cumplido.

JUAN 15:11

Mas el fruto del Espíritu es amor, gozo, paz, paciencia, benignidad, bondad, fe, mansedumbre, templanza; contra tales cosas no hay ley.

GÁLATAS 5:22–23

Regocijaos en el Señor siempre. Otra vez digo: ¡Regocijaos!

FILIPENSES 4:4

GRACIA

Y aquel Verbo fue hecho carne, y habitó entre nosotros (y vimos su gloria, gloria como del unigénito del Padre), lleno de gracia y de verdad [...] Porque de su plenitud tomamos todos, y gracia sobre gracia.

JUAN 1:14, 16

Justificados, pues, por la fe, tenemos paz para con Dios por medio de nuestro Señor Jesucristo; por quien también tenemos entrada por la fe a esta gracia en la cual estamos firmes, y nos gloriamos en la esperanza de la gloria de Dios.

ROMANOS 5:1–2

Y poderoso es Dios para hacer que abunde en vosotros toda gracia, a fin de que, teniendo siempre en todas las cosas todo lo suficiente, abundéis para toda buena obra.

2 CORINTIOS 9:8

Y me ha dicho: Bástate mi gracia; porque mi poder se perfecciona en la debilidad.

2 CORINTIOS 12:9

En él tenemos la redención mediante su sangre, el perdón de nuestros pecados, conforme a las riquezas de la gracia.

EFESIOS 1:7, NVI

Porque por gracia sois salvos por medio de la fe; y esto no de vosotros, pues es don de Dios; no por obras, para que nadie se gloríe.

EFESIOS 2:8–9

Porque no tenemos un sumo sacerdote que no pueda compadecerse de nuestras debilidades, sino uno que fue tentado en todo según nuestra semejanza, pero sin pecado. Acerquémonos, pues, confiadamente al trono de la gracia, para alcanzar misericordia y hallar gracia para el oportuno socorro.

HEBREOS 4:15–16

Pero él da mayor gracia. Por esto dice: Dios resiste a los soberbios, y da gracia a los humildes.

SANTIAGO 4:6

INSEGURIDAD

Pero el Señor le dijo a Samuel: —No te dejes impresionar por su apariencia ni por su estatura, pues yo lo he rechazado. La gente se fija en las apariencias, pero yo me fijo en el corazón.

1 SAMUEL 16:7, NVI

Así que no se preocupen diciendo: "¿Qué comeremos?" o "¿Qué beberemos?" o "¿Con qué nos vestiremos?" Porque los paganos andan tras todas estas cosas, y el Padre celestial sabe que ustedes las necesitan. Más bien, busquen primeramente el reino de Dios y su justicia, y todas estas cosas les serán añadidas. Por lo tanto, no se angustien por el mañana, el cual tendrá sus propios afanes. Cada día tiene ya sus problemas.

MATEO 6:31–34, NVI

No se amolden al mundo actual, sino sean transformados mediante la renovación de su mente. Así podrán comprobar cuál es la voluntad de Dios, buena, agradable y perfecta.

ROMANOS 12:2, NVI

Por último, fortalézcanse con el gran poder del Señor. Pónganse toda la armadura de Dios para que puedan hacer frente a las artimañas del diablo. Porque nuestra lucha no es contra seres humanos, sino contra poderes, contra autoridades, contra potestades que dominan este mundo de tinieblas, contra fuerzas espirituales malignas en las regiones celestiales.

EFESIOS 6:10–12, NVI

No se inquieten por nada; más bien, en toda ocasión, con oración y ruego, presenten sus peticiones a Dios y denle gracias. Y la paz de Dios, que sobrepasa todo entendimiento, cuidará sus corazones y sus pensamientos en Cristo Jesús.

FILIPENSES 4:6–7, NVI

LIBERACIÓN

El ángel de Jehová acampa alrededor de los que le temen, y los defiende.

SALMO 34:7

Porque tú has sido mi refugio, y torre fuerte delante del enemigo.

SALMO 61:3

Al pobre librará de su pobreza, y en la aflicción despertará su oído.

JOB 36:15

Aun en la vejez, cuando ya peinen canas, yo seré el mismo, yo los sostendré. Yo los hice, y cuidaré de ustedes; los sostendré y los libraré.

ISAÍAS 46:4, NVI

Pero en aquel día yo te libraré, dice Jehová, y no serás entregado en manos de aquellos a quienes tú temes. Porque ciertamente te libraré, y no caerás a espada, sino que tu vida te será por botín, porque tuviste confianza en mí, dice Jehová.

JEREMÍAS 39:17-18

El Espíritu del Señor está sobre mí, por cuanto me ha ungido para dar buenas nuevas a los pobres; me ha enviado a sanar a los quebrantados de corazón; a pregonar libertad a los cautivos, y vista a los ciegos; a poner en libertad a los oprimidos; a predicar el año agradable del Señor.

LUCAS 4:18–19

Pues tengo por cierto que las aflicciones del tiempo presente no son comparables con la gloria venidera que en nosotros ha de manifestarse.

ROMANOS 8:18

Así que sométanse a Dios. Resistan al diablo, y él huirá de ustedes.

SANTIAGO 4:7, NVI

Entonces oí una gran voz en el cielo, que decía: Ahora ha venido la salvación, el poder, y el reino de nuestro Dios, y la autoridad de su Cristo; porque ha sido lanzado fuera el acusador de nuestros hermanos, el que los acusaba delante de nuestro Dios día y noche. Y ellos le han vencido por medio de la sangre del Cordero y de la palabra del testimonio de ellos, y menospreciaron sus vidas hasta la muerte.

APOCALIPSIS 12:10–11

LIBERTAD

Viviré con toda libertad, porque he buscado tus preceptos.

SALMO 119:45, NVI

El Espíritu del Señor omnipotente está sobre mí, por cuanto me ha ungido para anunciar buenas nuevas a los pobres. Me ha enviado a sanar los corazones heridos, a proclamar liberación a los cautivos y libertad a los prisioneros.

ISAÍAS 61:1, NVI

Así que si el Hijo los libera, serán ustedes verdaderamente libres.

JUAN 8:36, NVI

Pero ahora que han sido liberados del pecado y se han puesto al servicio de Dios, cosechan la santidad que conduce a la vida eterna.

ROMANOS 6:22, NVI

Por lo tanto, ya no hay ninguna condenación para los que están unidos a Cristo Jesús, pues por medio de él la ley del Espíritu de vida me ha liberado de la ley del pecado y de la muerte.

ROMANOS 8:1–2, NVI

Ahora bien, el Señor es el Espíritu; y donde está el Espíritu del Señor, allí hay libertad.

2 Corintios 3:17, nvi

Cristo nos libertó para que vivamos en libertad. Por lo tanto, manténganse firmes y no se sometan nuevamente al yugo de esclavitud.

Gálatas 5:1, nvi

En él, mediante la fe, disfrutamos de libertad y confianza para acercarnos a Dios.

Efesios 3:12, nvi

MATRIMONIO

Y Dios creó al ser humano a su imagen; lo creó a imagen de Dios. Hombre y mujer los creó, y los bendijo con estas palabras: «Sean fructíferos y multiplíquense; llenen la tierra y sométanla; dominen a los peces del mar y a las aves del cielo, y a todos los reptiles que se arrastran por el suelo.»

GÉNESIS 1:27–28, NVI

Entonces Dios el Señor hizo que el hombre cayera en un sueño profundo y, mientras éste dormía, le sacó una costilla y le cerró la herida. De la costilla que le había quitado al hombre, Dios el Señor hizo una mujer y se la presentó al hombre, el cual exclamó: «Ésta sí es hueso de mis huesos y carne de mi carne. Se llamará "mujer" porque del hombre fue sacada.» Por eso el hombre deja a su padre y a su madre, y se une a su mujer, y los dos se funden en un solo ser.

GÉNESIS 2:21–24, NVI

Mujer ejemplar, ¿dónde se hallará? ¡Es más valiosa que las piedras preciosas! Su esposo confía plenamente en ella y no necesita de ganancias mal habidas.

PROVERBIOS 31:10–11, NVI

...y dijo: "Por eso dejará el hombre a su padre y a su madre, y se unirá a su esposa, y los dos llegarán a ser un solo cuerpo"? Así que ya no son dos, sino uno solo. Por tanto, lo que Dios ha unido, que no lo separe el hombre.

MATEO 19:5–6, NVI

Pero en vista de tanta inmoralidad, cada hombre debe tener su propia esposa, y cada mujer su propio esposo. El hombre debe cumplir su deber conyugal con su esposa, e igualmente la mujer con su esposo. La mujer ya no tiene derecho sobre su propio cuerpo, sino su esposo. Tampoco el hombre tiene derecho sobre su propio cuerpo, sino su esposa.

1 CORINTIOS 7:2–4, NVI

Esposas, sométanse a sus propios esposos como al Señor. Porque el esposo es cabeza de su esposa, así como Cristo es cabeza y salvador de la iglesia, la cual es su cuerpo. Así como la iglesia se somete a Cristo, también las esposas deben someterse a sus esposos en todo. Esposos, amen a sus esposas, así como Cristo amó a la iglesia y se entregó por ella.

EFESIOS 5:22–25, NVI

ORACIÓN

Ustedes deben orar así: Padre nuestro que estás en el cielo, santificado sea tu nombre, venga tu reino, hágase tu voluntad en la tierra como en el cielo. Danos hoy nuestro pan cotidiano. Perdónanos nuestras deudas, como también nosotros hemos perdonado a nuestros deudores. Y no nos dejes caer en tentación, sino líbranos del maligno.

MATEO 6:9–13, NVI

Por eso les digo: Crean que ya han recibido todo lo que estén pidiendo en oración, y lo obtendrán.

MARCOS 11:24, NVI

Oren en el Espíritu en todo momento, con peticiones y ruegos. Manténganse alerta y perseveren en oración por todos los santos.

EFESIOS 6:18, NVI

…oren sin cesar.

1 TESALONICENSES 5:17, NVI

Así que recomiendo, ante todo, que se hagan plegarias, oraciones, súplicas y acciones de gracias por todos, especialmente por los gobernantes y por todas las autoridades, para que tengamos paz y tranquilidad, y llevemos una vida piadosa y digna.

1 TIMOTEO 2:1–2, NVI

Quiero, pues, que en todas partes los hombres levanten las manos al cielo con pureza de corazón, sin enojos ni contiendas.

TIMOTEO 2:8, NVI

Así que acerquémonos confiadamente al trono de la gracia para recibir misericordia y hallar la gracia que nos ayude en el momento que más la necesitemos.

HEBREOS 4:16, NVI

Por eso, confiésense unos a otros sus pecados, y oren unos por otros, para que sean sanados. La oración del justo es poderosa y eficaz.

SANTIAGO 5:16, NVI

PACIENCIA

Guarda silencio ante Jehová, y espera en él. No te alteres con motivo del que prospera en su camino, por el hombre que hace maldades.

SALMO 37:7

Pacientemente esperé a Jehová, y se inclinó a mí, y oyó mi clamor.

SALMO 40:1

Aunque la visión tardará aún por un tiempo, mas se apresura hacia el fin, y no mentirá; aunque tardare, espéralo, porque sin duda vendrá, no tardará.

HABACUC 2:3

Alégrense en la esperanza, muestren paciencia en el sufrimiento, perseveren en la oración.

ROMANOS 12:12

No perdáis, pues, vuestra confianza, que tiene grande galardón; porque os es necesaria la paciencia, para que habiendo hecho la voluntad de Dios, obtengáis la promesa.

HEBREOS 10:35–36

Hermanos míos, considérense muy dichosos cuando tengan que enfrentarse con diversas pruebas, pues ya saben que la prueba de su fe produce constancia. Y la constancia debe llevar a feliz término la obra, para que sean perfectos e íntegros, sin que les falte nada.

SANTIAGO 1:2–4

Por tanto, hermanos, tened paciencia hasta la venida del Señor. Mirad cómo el labrador espera el precioso fruto de la tierra, aguardando con paciencia hasta que reciba la lluvia temprana y la tardía. Tened también vosotros paciencia, y afirmad vuestros corazones; porque la venida del Señor se acerca.

SANTIAGO 5:7–8

PATERNIDAD

Honra a tu padre y a tu madre, para que disfrutes de una larga vida en la tierra que te da el Señor tu Dios.

ÉXODO 20:12, NVI

Respeten todos ustedes a su madre y a su padre, y observen mis sábados. Yo soy el Señor su Dios.

LEVÍTICO 19:3, NVI

Grábate en el corazón estas palabras que hoy te mando. Incúlcaselas continuamente a tus hijos. Háblales de ellas cuando estés en tu casa y cuando vayas por el camino, cuando te acuestes y cuando te levantes. Átalas a tus manos como un signo; llévalas en tu frente como una marca; escríbelas en los postes de tu casa y en los portones de tus ciudades.

DEUTERONOMIO 6:6–9, NVI

Los hijos son una herencia del Señor, los frutos del vientre son una recompensa.

SALMO 127:3, NVI

Instruye al niño en el camino correcto, y aun en su vejez no lo abandonará.

PROVERBIOS 22:6, NVI

Disciplina a tu hijo, y te traerá tranquilidad; te dará muchas satisfacciones.

PROVERBIOS 29:17, NVI

Y ustedes, padres, no hagan enojar a sus hijos, sino críenlos según la disciplina e instrucción del Señor.

EFESIOS 6:4, NVI

Pero tú, permanece firme en lo que has aprendido y de lo cual estás convencido, pues sabes de quiénes lo aprendiste. Desde tu niñez conoces las Sagradas Escrituras, que pueden darte la sabiduría necesaria para la salvación mediante la fe en Cristo Jesús.

2 TIMOTEO 3:14–15, NVI

PAZ

Mucha paz tienen los que aman tu ley, y no hay para ellos tropiezo.

SALMO 119:165

Tú guardarás en completa paz a aquel cuyo pensamiento en ti persevera; porque en ti ha confiado.

ISAÍAS 26:3

Oh, si hubieras atendido a mis mandamientos! Fuera entonces tu paz como un río, y tu justicia como las ondas del mar.

ISAÍAS 48:18

Venid a mí todos los que estáis trabajados y cargados, y yo os haré descansar. Llevad mi yugo sobre vosotros, y aprended de mí, que soy manso y humilde de corazón; y hallaréis descanso para vuestras almas.

MATEO 11:28–29

La paz os dejo, mi paz os doy; yo no os la doy como el mundo la da. No se turbe vuestro corazón, ni tenga miedo.

JUAN 14:27

Estas cosas os he hablado para que en mí tengáis paz. En el mundo tendréis aflicción; pero confiad, yo he vencido al mundo.

JUAN 16:33

Por nada estéis afanosos, sino sean conocidas vuestras peticiones delante de Dios en toda oración y ruego, con acción de gracias. Y la paz de Dios, que sobrepasa todo entendimiento, guardará vuestros corazones y vuestros pensamientos en Cristo Jesús.

FILIPENSES 4:6–7

Y la paz de Dios gobierne en vuestros corazones, a la que asimismo fuisteis llamados en un solo cuerpo; y sed agradecidos.

COLOSENSES 3:15

PERDÓN

Si se humillare mi pueblo, sobre el cual mi nombre es invocado, y oraren, y buscaren mi rostro, y se convirtieren de sus malos caminos; entonces yo oiré desde los cielos, y perdonaré sus pecados, y sanaré su tierra.

2 Crónicas 7:14

Bienaventurado aquel cuya transgresión ha sido perdonada, y cubierto su pecado.

Salmo 32:1

Cuanto está lejos el oriente del occidente, hizo alejar de nosotros nuestras rebeliones.

Salmo 103:12

Yo, yo soy el que borro tus rebeliones por amor de mí mismo, y no me acordaré de tus pecados.

ISAÍAS 43:25

Porque si perdonáis a los hombres sus ofensas, os perdonará también a vosotros vuestro Padre celestial; mas si no perdonáis a los hombres sus ofensas, tampoco vuestro Padre os perdonará vuestras ofensas.

MATEO 6:14–15

Antes sed benignos unos con otros, misericordiosos, perdonándoos unos a otros, como Dios también os perdonó a vosotros en Cristo.

EFESIOS 4:32

Soportándoos unos a otros, y perdonándoos unos a otros si alguno tuviere queja contra otro. De la manera que Cristo os perdonó, así también hacedlo vosotros.

COLOSENSES 3:13

Si confesamos nuestros pecados, él es fiel y justo para perdonar nuestros pecados, y limpiarnos de toda maldad.

1 JUAN 1:9

PERSEVERANCIA

Él fortalece al cansado y acrecienta las fuerzas del débil. Aun los jóvenes se cansan, se y los muchachos tropiezan y caen; pero los que confían en el renovarán sus fuerzas; volarán como las águilas: correrán y no se fatigarán, caminarán y no se cansarán.

ISAÍAS 40:29–31, NVI

Bienaventurados los que padecen persecución por causa de la justicia, porque de ellos es el reino de los cielos. Bienaventurados sois cuando por mi causa os vituperen y os persigan, y digan toda clase de mal contra vosotros, mintiendo. Gozaos y alegraos, porque vuestro galardón es grande en los cielos; porque así persiguieron a los profetas que fueron antes de vosotros.

MATEO 5:10–12

No os ha sobrevenido ninguna tentación que no sea humana; pero fiel es Dios, que no os dejará ser tentados más de lo que podéis resistir, sino que dará también juntamente con la tentación la salida, para que podáis soportar.

1 CORINTIOS 10:13

Porque esta leve tribulación momentánea produce en nosotros un cada vez más excelente y eterno peso de gloria.

2 Corintios 4:17

No perdáis, pues, vuestra confianza, que tiene grande galardón; porque os es necesaria la paciencia, para que habiendo hecho la voluntad de Dios, obtengáis la promesa.

Hebreos 10:35–36

PODER ESPIRITUAL

En tu santuario, oh Dios, eres imponente; ¡el Dios de Israel da poder y fuerza a su pueblo! ¡Bendito sea Dios!

SALMO 68:35, NVI

Pero recibiréis poder, cuando haya venido sobre vosotros el Espíritu Santo, y me seréis testigos en Jerusalén, en toda Judea, en Samaria, y hasta lo último de la tierra.

HECHOS 1:8

Cuando hubieron orado, el lugar en que estaban congregados tembló; y todos fueron llenos del Espíritu Santo, y hablaban con denuedo la palabra de Dios.

HECHOS 4:31

Porque el pecado no se enseñoreará de vosotros; pues no estáis bajo la ley, sino bajo la gracia.

ROMANOS 6:14

Y a Aquel que es poderoso para hacer todas las cosas mucho más abundantemente de lo que pedimos o entendemos, según el poder que actúa en nosotros, a él sea gloria en la iglesia en Cristo Jesús por todas las edades, por los siglos de los siglos. Amén.

EFESIOS 3:20–21

Por lo demás, hermanos míos, fortaleceos en el Señor, y en el poder de su fuerza. Vestíos de toda la armadura de Dios, para que podáis estar firmes contra las asechanzas del diablo.

EFESIOS 6:10–11

A fin de conocerle, y el poder de su resurrección, y la participación de sus padecimientos, llegando a ser semejante a él en su muerte.

FILIPENSES 3:10

Todo lo puedo en Cristo que me fortalece.

FILIPENSES 4:13

PROTECCIÓN

Tú eres mi refugio; me guardarás de la angustia; con cánticos de liberación me rodearás.

SALMO 32:7

Muchas son las aflicciones del justo, pero de todas ellas le librará Jehová. El guarda todos sus huesos; ni uno de ellos será quebrantado.

SALMO 34:19–20

Los que amáis a Jehová, aborreced el mal; el guarda las almas de sus santos; de mano de los impíos los libra.

SALMO 97:10

Si anduviere yo en medio de la angustia, tú me vivificarás; contra la ira de mis enemigos extenderás tu mano, y me salvará tu diestra.

SALMO 138:7

Como pasa el torbellino, así el malo no permanece; mas el justo permanece para siempre.

PROVERBIOS 10:25

Toda palabra de Dios es limpia; el es escudo a los que en él esperan.

PROVERBIOS 30:5

Entonces me dijo: Daniel, no temas; porque desde el primer día que dispusiste tu corazón a entender y a humillarte en la presencia de tu Dios, fueron oídas tus palabras; y a causa de tus palabras yo he venido.

DANIEL 10:12

RENOVACIÓN

Crea en mí, oh Dios, un corazón limpio, y renueva un espíritu recto dentro de mí. No me eches de delante de ti, y no quites de mí tu santo Espíritu. Vuélveme el gozo de tu salvación, y espíritu noble me sustente.

SALMO 51:10–12

Y les daré un corazón, y un espíritu nuevo pondré dentro de ellos; y quitaré el corazón de piedra de en medio de su carne, y les daré un corazón de carne.

EZEQUIEL 11:19

Por tanto, no desmayamos; antes aunque este nuestro hombre exterior se va desgastando, el interior no obstante se renueva de día en día. Porque esta leve tribulación momentánea produce en nosotros un cada vez más excelente y eterno peso de gloria; no mirando nosotros las cosas que se ven, sino las que no se ven; pues las cosas que se ven son temporales, pero las que no se ven son eternas.

2 CORINTIOS 4:16–18

De modo que si alguno está en Cristo, nueva criatura es; las cosas viejas pasaron; he aquí todas son hechas nuevas. Y todo esto proviene de Dios, quien nos reconcilió consigo mismo por Cristo, y nos dio el ministerio de la reconciliación; que Dios estaba en Cristo reconciliando consigo al mundo, no tomándoles en cuenta a los hombres sus pecados, y nos encargó a nosotros la palabra de la reconciliación.

2 CORINTIOS 5:17–19

RESISTENCIA

Y no sólo en esto, sino también en nuestros sufrimientos, porque sabemos que el sufrimiento produce perseverancia.

ROMANOS 5:3, NVI

Alégrense en la esperanza, muestren paciencia en el sufrimiento, perseveren en la oración.

ROMANOS 12:12, NVI

Que el Dios que infunde aliento y perseverancia les conceda vivir juntos en armonía, conforme al ejemplo de Cristo Jesús.

ROMANOS 15:5, NVI

Ustedes no han sufrido ninguna tentación que no sea común al género humano. Pero Dios es fiel, y no permitirá que ustedes sean tentados más allá de lo que puedan aguantar. Más bien, cuando llegue la tentación, él les dará también una salida a fin de que puedan resistir.

1 CORINTIOS 10:13, NVI

...y ser fortalecidos en todo sentido con su glorioso poder. Así perseverarán con paciencia en toda situación.

COLOSENSES 1:11, NVI

Ustedes necesitan perseverar para que, después de haber cumplido la voluntad de Dios, reciban lo que él ha prometido.

HEBREOS 10:36, NVI

Fijemos la mirada en Jesús, el iniciador y perfeccionador de nuestra fe, quien por el gozo que le esperaba, soportó la cruz, menospreciando la vergüenza que ella significaba, y ahora está sentado a la derecha del trono de Dios.

HEBREOS 12:2, NVI

Hermanos míos, considérense muy dichosos cuando tengan que enfrentarse con diversas pruebas, pues ya saben que la prueba de su fe produce constancia.

SANTIAGO 1:2–3, NVI

SALUD

No seas sabio en tu propia opinión; teme a Jehová, y apártate del mal; porque será medicina a tu cuerpo, y refrigerio para tus huesos.

PROVERBIOS 3:7–8

Hijo mío, está atento a mis palabras; inclina tu oído a mis razones. No se aparten de tus ojos; guárdalas en medio de tu corazón; porque son vida a los que las hallan, y medicina a todo su cuerpo.

PROVERBIOS 4:20–22

Panal de miel son los dichos suaves; suavidad al alma y medicina para los huesos.

PROVERBIOS 16:24

Pero los que esperan a Jehová tendrán nuevas fuerzas; levantarán alas como las águilas; correrán, y no se cansarán; caminarán, y no se fatigarán.

ISAÍAS 40:31

Mas yo haré venir sanidad para ti, y sanaré tus heridas, dice Jehová; porque desechada te llamaron, diciendo: Esta es Sion, de la que nadie se acuerda.

JEREMÍAS 30:17

Amado, yo deseo que tú seas prosperado en todas las cosas, y que tengas salud, así como prospera tu alma.

3 JUAN 1:2

SALVACIÓN

Yo deshice como una nube tus rebeliones, y como niebla tus pecados; vuélvete a mí, porque yo te redimí.

ISAÍAS 44:22

Aquella luz verdadera, que alumbra a todo hombre, venía a este mundo.

JUAN 1:9

Porque de tal manera amó Dios al mundo, que ha dado a su Hijo unigénito, para que todo aquel que en él cree, no se pierda, mas tenga vida eterna.

JUAN 3:16

El que cree en el Hijo tiene vida eterna; pero el que rehúsa creer en el Hijo no verá la vida, sino que la ira de Dios está sobre él.

JUAN 3:36

Porque la paga del pecado es muerte, mas la dádiva de Dios es vida eterna en Cristo Jesús Señor nuestro.

ROMANOS 6:23

Por lo cual estoy seguro de que ni la muerte, ni la vida, ni ángeles, ni principados, ni potestades, ni lo presente, ni lo por venir, ni lo alto, ni lo profundo, ni ninguna otra cosa creada nos podrá separar del amor de Dios, que es en Cristo Jesús Señor nuestro.

ROMANOS 8:38–39

He aquí, yo estoy a la puerta y llamo; si alguno oye mi voz y abre la puerta, entraré a él, y cenaré con él, y él conmigo.

APOCALIPSIS 3:20

SANIDAD

Y dijo: Si oyeres atentamente la voz de Jehová tu Dios, e hicieres lo recto delante de sus ojos, y dieres oído a sus mandamientos, y guardares todos sus estatutos, ninguna enfermedad de las que envié a los egipcios te enviaré a ti; porque yo soy Jehová tu sanador.

Éxodo 15:26

Bendice, alma mía, a Jehová, y no olvides ninguno de sus beneficios. El es quien perdona todas tus iniquidades, el que sana todas tus dolencias; el que rescata del hoyo tu vida, el que te corona de favores y misericordias; el que sacia de bien tu boca de modo que te rejuvenezcas como el águila.

Salmo 103:2–5

Mas él herido fue por nuestras rebeliones, molido por nuestros pecados; el castigo de nuestra paz fue sobre él, y por su llaga fuimos nosotros curados.

Isaías 53:5

Recorría Jesús todas las ciudades y aldeas, enseñando en las sinagogas de ellos, y predicando el evangelio del reino, y sanando toda enfermedad y toda dolencia en el pueblo.

Mateo 9:35

Y toda la gente procuraba tocarle, porque poder salía de él y sanaba a todos.

LUCAS 6:19

¿Está alguno entre vosotros afligido? Haga oración. ¿Está alguno alegre? Cante alabanzas. ¿Está alguno enfermo entre vosotros? Llame a los ancianos de la iglesia, y oren por él, ungiéndole con aceite en el nombre del Señor. Y la oración de fe salvará al enfermo, y el Señor lo levantará;

SANTIAGO 5:13–15

SERVICIO

Y el que quiera ser el primero deberá ser esclavo de los demás; así como el Hijo del hombre no vino para que le sirvan, sino para servir y para dar su vida en rescate por muchos.

MATEO 20:27–28, NVI

El más importante entre ustedes será siervo de los demás.

MATEO 23:11, NVI

Quien quiera servirme, debe seguirme; y donde yo esté, allí también estará mi siervo. A quien me sirva, mi Padre lo honrará.

JUAN 12:26, NVI

Pero ahora, al morir a lo que nos tenía subyugados, hemos quedado libres de la ley, a fin de servir a Dios con el nuevo poder que nos da el Espíritu, y no por medio del antiguo mandamiento escrito.

ROMANOS 7:6, NVI

Por lo tanto, hermanos, tomando en cuenta la misericordia de Dios, les ruego que cada uno de ustedes, en adoración espiritual, ofrezca su cuerpo como sacrificio vivo, santo y agradable a Dios.

ROMANOS 12:1, NVI

Nunca dejen de ser diligentes; antes bien, sirvan al Señor con el fervor que da el Espíritu.

ROMANOS 12:11, NVI

Les hablo así, hermanos, porque ustedes han sido llamados a ser libres; pero no se valgan de esa libertad para dar rienda suelta a sus pasiones. Más bien sírvanse unos a otros con amor.

GÁLATAS 5:13, NVI

Cada uno ponga al servicio de los demás el don que haya recibido, administrando fielmente la gracia de Dios en sus diversas formas.

1 PEDRO 4:10, NVI

SOLEDAD

Sean fuertes y valientes. No teman ni se asusten ante esas naciones, pues el Señor su Dios siempre los acompañará; nunca los dejará ni los abandonará.

DEUTERONOMIO 31:6, NVI

Vuelve a mí tu rostro y tenme compasión, pues me encuentro solo y afligido.

SALMO 25:16, NVI

Aunque mi padre y mi madre me abandonen, el Señor me recibirá en sus brazos.

SALMO 27:10, NVI

Padre de los huérfanos y defensor de las viudas es Dios en su morada santa. Dios da un hogar a los desamparados y libertad a los cautivos; los rebeldes habitarán en el desierto.

SALMO 68:5–6, NVI

Hay amigos que llevan a la ruina, y hay amigos más fieles que un hermano.

PROVERBIOS 18:24, NVI

Así que no temas, porque yo estoy contigo; no te angusties, porque yo soy tu Dios. Te fortaleceré y te ayudaré; te sostendré con mi diestra victoriosa.

ISAÍAS 41:10, NVI

Enseñándoles a obedecer todo lo que les he mandado a ustedes. Y les aseguro que estaré con ustedes siempre, hasta el fin del mundo.

MATEO 28:20, NVI

Pues estoy convencido de que ni la muerte ni la vida, ni los ángeles ni los demonios, ni lo presente ni lo por venir, ni los poderes, ni lo alto ni lo profundo, ni cosa alguna en toda la creación, podrá apartarnos del amor que Dios nos ha manifestado en Cristo Jesús nuestro Señor.

ROMANOS 8:38–39, NVI

TEMOR

Jehová peleará por vosotros, y vosotros estaréis tranquilos.

ÉXODO 14:14

Y Jehová va delante de ti; él estará contigo, no te dejará, ni te desamparará; no temas ni te intimides.

DEUTERONOMIO 31:8

Mira que te mando que te esfuerces y seas valiente; no temas ni desmayes, porque Jehová tu Dios estará contigo en dondequiera que vayas.

JOSUÉ 1:9

Aunque ande en valle de sombra de muerte, no temeré mal alguno, porque tú estarás conmigo; tu vara y tu cayado me infundirán aliento.

SALMO 23:4

Jehová es mi luz y mi salvación; ¿de quién temeré? Jehová es la fortaleza de mi vida; ¿de quién he de atemorizarme?

SALMO 27:1

Porque yo Jehová soy tu Dios, quien te sostiene de tu mano derecha, y te dice: No temas, yo te ayudo.

ISAÍAS 41:13

Cuando pases por las aguas, yo estaré contigo; y si por los ríos, no te anegarán. Cuando pases por el fuego, no te quemarás, ni la llama arderá en ti.

ISAÍAS 43:2

La paz os dejo, mi paz os doy; yo no os la doy como el mundo la da. No se turbe vuestro corazón, ni tenga miedo.

JUAN 14:27

UNIDAD

¡Cuán bueno y cuán agradable es que los hermanos convivan en armonía!

SALMO 133:1, NVI

Yo en ellos y tú en mí. Permite que alcancen la perfección en la unidad, y así el mundo reconozca que tú me enviaste y que los has amado a ellos tal como me has amado a mí.

JUAN 17:23, NVI

Les suplico, hermanos, en el nombre de nuestro Señor Jesucristo, que todos vivan en armonía y que no haya divisiones entre ustedes, sino que se mantengan unidos en un mismo pensar y en un mismo propósito.

1 CORINTIOS 1:10, NVI

De hecho, aunque el cuerpo es uno solo, tiene muchos miembros, y todos los miembros, no obstante ser muchos, forman un solo cuerpo. Así sucede con Cristo. Todos fuimos bautizados por un solo Espíritu para constituir un solo cuerpo—ya seamos judíos o gentiles, esclavos o libres—, y a todos se nos dio a beber de un mismo Espíritu.

1 CORINTIOS 12:12–13, NVI

Ya no hay judío ni griego, esclavo ni libre, hombre ni mujer, sino que todos ustedes son uno solo en Cristo Jesús.

GÁLATAS 3:28, NVI

Porque Cristo es nuestra paz: de los dos pueblos ha hecho uno solo, derribando mediante su sacrificio el muro de enemistad que nos separaba.

EFESIOS 2:14, NVI

Esfuércense por mantener la unidad del Espíritu mediante el vínculo de la paz.

EFESIOS 4:3, NVI

Por encima de todo, vístanse de amor, que es el vínculo perfecto.

COLOSENSES 3:14, NVI

VALENTÍA

No te asustes ante ellos, pues el Señor tu Dios, el Dios grande y temible, está contigo.

DEUTERONOMIO 7:21, NVI

Nunca se apartará de tu boca este libro de la ley, sino que de día y de noche meditarás en él, para que guardes y hagas conforme a todo lo que en él está escrito; porque entonces harás prosperar tu camino, y todo te saldrá bien. Mira que te mando que te esfuerces y seas valiente; no temas ni desmayes, porque Jehová tu Dios estará contigo en dondequiera que vayas.

JOSUÉ 1:8–9

Aguarda a Jehová; esfuérzate, y aliéntese tu corazón; sí, espera a Jehová.

SALMO 27:14

Pero los que esperan a Jehová tendrán nuevas fuerzas; levantarán alas como las águilas; correrán, y no se cansarán; caminarán, y no se fatigarán.

ISAÍAS 40:31

No temas, porque yo estoy contigo; no desmayes, porque yo soy tu Dios que te esfuerzo; siempre te ayudaré, siempre te sustentaré con la diestra de mi justicia.

ISAÍAS 41:10

Entonces viendo el denuedo de Pedro y de Juan, y sabiendo que eran hombres sin letras y del vulgo, se maravillaban; y les reconocían que habían estado con Jesús.

HECHOS 4:13

VICTORIA

...porque el Señor tu Dios está contigo; él peleará en favor tuyo y te dará la victoria sobre tus enemigos.

DEUTERONOMIO 20:4, NVI

Tuya es, Señor, la salvación; ¡envía tu bendición sobre tu pueblo!

SALMO 3:8, NVI

Yo les he dicho estas cosas para que en mí hallen paz. En este mundo afrontarán aflicciones, pero ¡anímense! Yo he vencido al mundo.

JUAN 16:33, NVI

¿Qué diremos frente a esto? Si Dios está de nuestra parte, ¿quién puede estar en contra nuestra?

ROMANOS 8:31, NVI

Ustedes no han sufrido ninguna tentación que no sea común al género humano. Pero Dios es fiel, y no permitirá que ustedes sean tentados más allá de lo que puedan aguantar. Más bien, cuando llegue la tentación, él les dará también una salida a fin de que puedan resistir.

1 CORINTIOS 10:13, NVI

«¿Dónde está, oh muerte, tu victoria? ¿Dónde está, oh muerte, tu aguijón?»

1 CORINTIOS 15:55, NVI

¡Pero gracias a Dios, que nos da la victoria por medio de nuestro Señor Jesucristo!

1 CORINTIOS 15:57, NVI

Porque todo el que ha nacido de Dios vence al mundo. Ésta es la victoria que vence al mundo: nuestra fe.

1 JUAN 5:4, NVI

Escrituras sobre cómo manejar sus pensamientos

1. "Porque cual es su pensamiento en su corazón, tal es él" (Proverbios 23:7).

   COMENTARIO: Este versículo nos dice que *nos volvemos en lo que pensamos*. Nuestra vida seguirá nuestros pensamientos más dominantes. Es como el dicho: "Si piensas que puedes o si piensas que no puedes, tienes razón". Diez de los doce espías enviados por Moisés a espiar la Tierra Prometida regresaron diciendo: "Hay gigantes en la tierra, y éramos como saltamontes comparados con ellos" (Números 13:33, parafraseado). No se veían a sí mismos como capaces, y ninguno de ellos entró a la Tierra Prometida. Pero dos espías, Josué y Caleb, dijeron: "Subamos luego, y tomemos posesión de ella; porque más podremos nosotros que ellos" (Números 13:30). Ellos fueron las únicas dos personas de esa generación de israelitas que entraron a la Tierra Prometida. ¿Se ve usted a sí mismo como capaz de hacer lo que Dios lo ha llamado a hacer, o se ve como un saltamontes?

2. "Por lo demás, hermanos, todo lo que es verdadero, todo lo honesto, todo lo justo, todo lo puro, todo lo amable, todo lo que es de buen nombre; si hay virtud alguna, si algo digno de alabanza, en esto pensad" (Filipenses 4:8, énfasis añadido).

COMENTARIO: Este versículo nos dice que pensemos en lo que es bueno en nuestra vida, no en lo que está mal. Pensemos en Dios y en su verdad, no en nuestros problemas. Permanezcamos enfocados en pensamientos positivos, llenos de fe. Somos los únicos que podemos manejar nuestros pensamientos; Dios no lo va a hacer por nosotros. Tenemos que decidir permanecer en pensamientos que nos van a llevar a la victoria, no a la derrota.

3. "No os conforméis a este siglo, sino transformaos por medio de la renovación de vuestro entendimiento…" (Romanos 12:2).

COMENTARIO: Este versículo nos dice que no pensemos y actuemos como el mundo y nos dice cómo ser transformados: por la renovación de nuestra mente. ¿Cómo renovamos nuestra mente? Llenándola diariamente con la Palabra de Dios, música de alabanza, mensajes ungidos y confesiones positivas.

4. "Y renovaos en el espíritu de vuestra mente" (Efesios 4:23).

COMENTARIO: Este versículo nos dice que renovar nuestra mente no es algo que hacemos una vez en la mañana, sino algo que tenemos que hacer constantemente a lo largo del día.

5. "...llevamos cautivo todo pensamiento para que se someta a Cristo" (2 Corintios 10:5, NVI).

COMENTARIO: Así como el versículo anterior hablaba de renovar nuestra mente de manera constante, este versículo nos dice que llevemos "cautivo" todo pensamiento para que obedezca a Cristo. Dios nos está diciendo que manejemos nuestros pensamientos de modo que cada uno se alinee con su Palabra. Cuando venga un pensamiento que no se alinee con su Palabra, necesitamos tomar la iniciativa de rechazarlo y reemplazarlo con pensamientos que sí lo hagan.

6. "Tú guardarás en completa paz a aquel cuyo pensamiento en ti persevera" (Isaías 26:3).

COMENTARIO: Este versículo nos dice cómo permanecer en completa paz sin importar lo que esté pasando en nuestra vida: Mantener nuestra mente *perseverando* en Dios; no en nuestros problemas, ni en cómo va la economía y el mundo ni en lo que la gente está diciendo y haciendo. Si pensamos en Dios, Él promete mantenernos no solamente en paz, sino en *completa* paz.

7. "Pongan la mira (la mente) en las cosas de arriba, no en las de la tierra" (Colosenses 3:2, NBLH).

COMENTARIO: Así como el versículo anterior nos dice que mantengamos nuestra mente perseverando en Dios, este nos dice que *pongamos* nuestra mente en las cosas de arriba, no en lo que está sucediendo en este plano terrenal. La palabra clave es *poner*. Tenemos que poner nuestra mente en las cosas de arriba; Dios no lo va a hacer por nosotros. Y si nosotros no la ponemos, el enemigo la pondrá, nuestras emociones la pondrán, nuestras circunstancias la pondrán y otras personas la pondrán. Tenemos que poner nuestra mente en las cosas correctas todo el día en una manera activa.

Plan para leer la
Biblia en un año

Para ayudarle en este viaje hacia convertirse en una mejor versión de usted mismo, y para conocer y entender mejor a Dios, este es un plan de lectura de la Biblia en un año que proporciona el alimento para cada etapa de su crecimiento como cristiano.

ENERO

1   Gn. 1–2; Mt. 1

2   Gn. 3–5; Mt. 2

3   Gn. 6–8; Mt. 3

4   Gn. 9–11; Mt. 4

5   Gn. 12–14; Mt. 5:1–26

6   Gn. 15–17; Mt. 5:27–48

7   Gn. 18–19; Mt. 6

8   Gn. 20–22; Mt. 7

9   Gn. 23–24; Mt. 8

10   Gn. 25–26; Mt. 9:1–17

11   Gn. 27–28; Mt. 9:18–38

12   Gn. 29–30; Mt. 10:1–23

13   Gn. 31–32; Mt. 10:24–42

14   Gn. 33–35; Mt. 11

15   Gn. 36–37; Mt. 12:1–21

16   Gn. 38–40; Mt. 12:22–50

17   Gn. 41; Mt. 13:1–32

18   Gn. 42–43; Mt. 13:33–58

19   Gn. 44–45; Mt. 14:1–21

20   Gn. 46–48; Mt. 14:22–36

21   Gn. 49–50; Mt. 15:1–20

22   Éx. 1–3; Mt. 15:21–39

23   Éx. 4–6; Mt. 16

24   Éx. 7–8; Mt. 17

25   Éx. 9–10; Mt. 18:1–20

26   Éx. 11–12; Mt. 18:21–35

27   Éx. 13–15; Mt. 19:1–15

28   Éx. 16–18; Mt. 19:16–30

29   Éx. 19–21; Mt. 20:1–16

30   Éx. 22–24; Mt. 20:17–34

31   Éx. 25–26; Mt. 21:1–22

FEBRERO

1   Éx. 27–28; Mt. 21:23–46

2   Éx. 29–30; Mt. 22:1–22

3   Éx. 31–33; Mt. 22:23–46

4   Éx. 34–36; Mt. 23:1–22

5   Éx. 37–38; Mt. 23:23–39

6   Éx. 39–40; Mt. 24:1–22

7   Lv. 1–3; Mt. 24:23–51

8   Lv. 4–6; Mt. 25:1–30

9   Lv. 7–9; Mt. 25:31–46

10   Lv. 10–12; Mt. 26:1–19

11   Lv. 13; Mt. 26:20–54

12   Lv. 14; Mt. 26:55–75

13   Lv. 15–17; Mt. 27:1–31

14   Lv. 18–19; Mt. 27:32–66

15   Lv. 20–21; Mt. 28

16   Lv. 22–23; Mr. 1:1–22

17   Lv. 24–25; Mr. 1:23–45

18   Lv. 26–27; Mr. 2

19   Nm. 1–2; Mr. 3:1–21

20   Nm. 3–4; Mr. 3:22–35

21   Nm. 5–6; Mr. 4:1–20

22   Nm. 7; Mr. 4:21–41

23   Nm. 8–10; Mr. 5:1–20

24   Nm. 11–13; Mr. 5:21–43

25   Nm. 14–15; Mr. 6:1–32

26   Nm. 16–17; Mr. 6:33–56

27 Nm. 18–20; Mr. 7:1–13

28 Nm. 21–22; Mr. 7:14–37

29 Nm. 23–25; Mr. 8:1–21

MARZO

1 Nm. 26–27; Mr. 8:22–38

2 Nm. 28–29; Mr. 9:1–29

3 Nm. 30–31; Mr. 9:30–50

4 Nm. 32–33; Mr. 10:1–31

5 Nm. 34–36;
   Mr. 10:32–52

6 Dt. 1–2; Mr. 11:1–19

7 Dt. 3–4; Mr. 11:20–33

8 Dt. 5–7; Mr. 12:1–27

9 Dt. 8–10; Mr. 12:28–44

10 Dt. 11–13; Mr. 13:1–13

11 Dt. 14–16; Mr. 13:14–37

12 Dt. 17–19; Mr. 14:1–25

13 Dt. 20–22; Mr. 14:26–50

14 Dt. 23–25; Mr. 14:51–72

15 Dt. 26 27; Mr. 15:1–26

16 Dt. 28; Mr. 15:27–47

17 Dt. 29–30; Mr. 16

18 Dt. 31–32; Lc. 1:1–23

19 Dt. 33–34; Lc. 1:24–56

20 Jos. 1–3; Lc. 1:57–80

21 Jos. 4–6; Lc. 2:1–24

22 Jos. 7–8; Lc. 2:25–52

23 Jos. 9–10; Lc. 3

24 Jos. 11–13; Lc. 4:1–32

25 Jos. 14–15; Lc. 4:33–44

26 Jos. 16–18; Lc. 5:1–16

27 Jos. 19–20; Lc. 5:17–39

28 Jos. 21–22; Lc. 6:1–26

29 Jos. 23–24; Lc. 6:27–49

30 Jue. 1–2; Lc. 7:1–30

31 Jue. 3–5; Lc. 7:31–50

ABRIL

1 Jue. 6–7; Lc. 8:1–21

2 Jue. 8–9; Lc. 8:22–56

3 Jue. 10–11; Lc. 9:1–36

4 Jue. 12–14; Lc. 9:37–62

5 Jue. 15–17; Lc. 10:1–24

6 Jue. 18–19; Lc. 10:25–42

7 Jue. 20–21; Lc. 11:1–28

8 Rut 1–4; Lc. 11:29–54

9 1 S. 1–3; Lc. 12:1–34

10 1 S. 4–6; Lc. 12:35–59

11 1 S. 7–9; Lc. 13:1–21

12 1 S. 10–12; Lc. 13:22–35

13 1 S. 13–14; Lc. 14:1–24

14 1 S. 15–16; Lc. 14:25–35

15 1 S. 17–18; Lc. 15:1–10

16 1 S. 19–21; Lc. 15:11–32

17 1 S. 22–24; Lc. 16:1–18

18 1 S. 25–26; Lc. 16:19–31

19 1 S. 27–29; Lc. 17:1–19

20 1 S. 30–31; Lc. 17:20–37

21 2 S. 1–3; Lc. 18:1–17

22	2 S. 4–6; Lc. 18:18–43		20	1 Cr. 1–2; Jn. 7:32–53
23	2 S. 7–9; Lc. 19:1–28		21	1 Cr. 3–5; Jn. 8:1–20
24	2 S. 10–12; Lc. 19:29–48		22	1 Cr. 6–7; Jn. 8:21–36
25	2 S. 13–14; Lc. 20:1–26		23	1 Cr. 8–10; Jn. 8:37–59
26	2 S. 15–16; Lc. 20:27–47		24	1 Cr. 11–13; Jn. 9:1–23
27	2 S. 17–18; Lc. 21:1–19		25	1 Cr. 14–16; Jn. 9:24–41
28	2 S. 19–20; Lc. 21:20–38		26	1 Cr. 17–19; Jn. 10:1–21
29	2 S. 21–22; Lc. 22:1–30		27	1 Cr. 20–22; Jn. 10:22–42
30	2 S. 23–24; Lc. 22:31–53		28	1 Cr. 23–25; Jn. 11:1–17
			29	1 Cr. 26–27; Jn. 11:18–46

MAYO

1	1 R. 1–2; Lc. 22:54–71
2	1 R. 3–5; Lc. 23:1–26
3	1 R. 6–7; Lc. 23:27–38
4	1 R. 8–9; Lc. 23:39–56
5	1 R. 10–11; Lc. 24:1–35
6	1 R. 12–13; Lc. 24:36–53
7	1 R. 14–15; Jn. 1:1–28
8	1 R. 16–18; Jn. 1:29–51
9	1 R. 19–20; Jn. 2
10	1 R. 21–22; Jn. 3:1–21
11	2 R. 1–3; Jn. 3:22–36
12	2 R. 4–5; Jn. 4:1–30
13	2 R. 6–8; Jn. 4:31–54
14	2 R. 9–11; Jn. 5:1–24
15	2 R. 12–14; Jn. 5:25–47
16	2 R. 15–17; Jn. 6:1–21
17	2 R. 18–19; Jn. 6:22–44
18	2 R. 20–22; Jn. 6:45–71
19	2 R. 23–25; Jn. 7:1–31

30	1 Cr. 28–29; Jn. 11:47–57
31	2 Cr. 1–3; Jn. 12:1–19

JUNIO

1	2 Cr. 4–6; Jn. 12:20–50
2	2 Cr. 7–9; Jn. 13:1–17
3	2 Cr. 10–12; Jn. 13:18–38
4	2 Cr. 13–16; Jn. 14
5	2 Cr. 17–19; Jn. 15
6	2 Cr. 20–22; Jn. 16:1–15
7	2 Cr. 23–25; Jn. 16:16–33
8	2 Cr. 26–28; Jn. 17
9	2 Cr. 29–31; Jn. 18:1–23
10	2 Cr. 32–33; Jn. 18:24–40
11	2 Cr. 34–36; Jn. 19:1–22
12	Esd. 1–2; Jn. 19:23–42
13	Esd. 3–5; Jn. 20
14	Esd. 6–8; Jn. 21
15	Esd. 9–10; Hch. 1
16	Neh. 1–3; Hch. 2:1–13

17 Neh. 4–6; Hch. 2:14–47

18 Neh. 7–8; Hch. 3

19 Neh. 9–11; Hch. 4:1–22

20 Neh. 12–13; Hch. 4:23–37

21 Est. 1–3; Hch. 5:1–16

22 Est. 4–6; Hch. 5:17–42

23 Est. 7–10; Hch. 6

24 Job 1–3; Hch. 7:1–19

25 Job 4–6; Hch. 7:20–43

26 Job 7–9; Hch. 7:44–60

27 Job 10–12; Hch. 8:1–25

28 Job 13–15; Hch. 8:26–40

29 Job 16–18; Hch. 9:1–22

30 Job 19–20; Hch. 9:23–43

JULIO

1 Job 21–22; Hch. 10:1–23

2 Job 23–25; Hch. 10:24–48

3 Job 26–28; Hch. 11

4 Job 29–30; Hch. 12

5 Job 31–32; Hch. 13:1–23

6 Job 33–34; Hch. 13:24–52

7 Job 35–37; Hch. 14

8 Job 38–39; Hch. 15:1–21

9 Job 40–42; Hch. 15:22–41

10 Sal. 1–3; Hch. 16:1–15

11 Sal. 4–6; Hch. 16:16–40

12 Sal. 7–9; Hch. 17:1–15

13 Sal. 10–12; Hch. 17:16–34

14 Sal. 13–16; Hch. 18

15 Sal. 17–18; Hch. 19:1–20

16 Sal. 19–21; Hch. 19:21–41

17 Sal. 22–24; Hch. 20:1–16

18 Sal. 25–27; Hch. 20:17–38

19 Sal. 28–30; Hch. 21:1–14

20 Sal. 31–33; Hch. 21:15–40

21 Sal. 34–35; Hch. 22

22 Sal. 36–37; Hch. 23:1–11

23 Sal. 38–40; Hch. 23:12–35

24 Sal. 41–43; Hch. 24

25 Sal. 44–46; Hch. 25

26 Sal. 47–49; Hch. 26

27 Sal. 50–52; Hch. 27:1–25

28 Sal. 53–55; Hch. 27:26–44

29 Sal. 56–58; Hch. 28:1–15

30 Sal. 59–61; Hch. 28:16–31

31 Sal. 62–64; Ro. 1

AGOSTO

1 Sal. 65–67; Ro. 2

2 Sal. 68–69; Ro. 3

3 Sal. 70–72; Ro. 4

4 Sal. 73–74; Ro. 5

5 Sal. 75–77; Ro. 6

6 Sal. 78; Ro. 7

7 Sal. 79–81; Ro. 8:1–18

8 Sal. 82–84; Ro. 8:19–39

9 Sal. 85–87; Ro. 9

10 Sal. 88–89; Ro. 10

11 Sal. 90–92; Ro. 11:1–21

12	Sal. 93–95; Ro. 11:22–36		5	Pr. 7–8; 1 Co. 14:21–40
13	Sal. 96–98; Ro. 12		6	Pr. 9–10; 1 Co. 15:1–32
14	Sal. 99–102; Ro. 13		7	Pr. 11–12; 1 Co. 15:33–58
15	Sal. 103–104; Ro. 14		8	Pr. 13–14; 1 Co. 16
16	Sal. 105–106; Ro. 15:1–20		9	Pr. 15–16; 2 Co. 1
17	Sal. 107–108; Ro. 15:21–33		10	Pr. 17–18; 2 Co. 2
18	Sal. 109–111; Ro. 16		11	Pr. 19–20; 2 Co. 3
19	Sal. 112–115; 1 Co. 1		12	Pr. 21–22; 2 Co. 4
20	Sal. 116–118; 1 Co. 2		13	Pr. 23–24; 2 Co. 5
21	Sal. 119:1–48; 1 Co. 3		14	Pr. 25–27; 2 Co. 6
22	Sal. 119:49–104; 1 Co. 4		15	Pr. 28–29; 2 Co. 7
23	Sal. 119:105–176; 1 Co. 5		16	Pr. 30–31; 2 Co. 8
24	Sal. 120–123; 1 Co. 6		17	Ec. 1–3; 2 Co. 9
25	Sal. 124–127; 1 Co. 7:1–24		18	Ec. 4–6; 2 Co. 10
26	Sal. 128–131; 1 Co. 7:25–40		19	Ec. 7–9; 2 Co. 11:1–15
27	Sal. 132–135; 1 Co. 8		20	Ec. 10–12; 2 Co. 11:16–33
28	Sal. 136–138; 1 Co. 9		21	Cnt. 1–3; 2 Co. 12
29	Sal. 139–141; 1 Co. 10:1–13		22	Cnt. 4–5; 2 Co. 13
30	Sal. 142–144; 1 Co. 10:14–33		23	Cnt. 6–8; Gá. 1
31	Sal. 145–147; 1 Co. 11:1–15		24	Is. 1–3; Gá. 2
			25	Is. 4–6; Gá. 3
			26	Is. 7–9; Gá. 4
			27	Is. 10–12; Gá. 5
			28	Is. 13–15; Gá. 6
			29	Is. 16–18; Ef. 1
			30	Is. 19–21; Ef. 2

SEPTIEMBRE

1	Sal. 148–150; 1 Co. 11:16–34
2	Pr. 1–2; 1 Co. 12
3	Pr. 3–4; 1 Co. 13
4	Pr. 5–6; 1 Co. 14:1–20

OCTUBRE

1	Is. 22–23; Ef. 3
2	Is. 24–26; Ef. 4

3 Is. 27–28; Ef. 5

4 Is. 29–30; Ef. 6

5 Is. 31–33; Fil. 1

6 Is. 34–36; Fil. 2

7 Is. 37–38; Fil. 3

8 Is. 39–40; Fil. 4

9 Is. 41–42; Col. 1

10 Is. 43–44; Col. 2

11 Is. 45–47; Col. 3

12 Is. 48–49; Col. 4

13 Is. 50–52; 1 Ts. 1

14 Is. 53–55; 1 Ts. 2

15 Is. 56–58; 1 Ts. 3

16 Is. 59–61; 1 Ts. 4

17 Is. 62–64; 1 Ts. 5

18 Is. 65–66; 2 Ts. 1

19 Jer. 1–2; 2 Ts. 2

20 Jer. 3–4; 2 Ts. 3

21 Jer. 5–6; 1 Ti. 1

22 Jer. 7–8; 1 Ti. 2

23 Jer. 9–10; 1 Ti. 3

24 Jer. 11–13; 1 Ti. 4

25 Jer. 14–16; 1 Ti. 5

26 Jer. 17–19; 1 Ti. 6

27 Jer. 20–22; 2 Ti. 1

28 Jer. 23–24; 2 Ti. 2

29 Jer. 25–26; 2 Ti. 3

30 Jer. 27–28; 2 Ti. 4

31 Jer. 29–30; Tit. 1

NOVIEMBRE

1 Jer. 31–32; Tit. 2

2 Jer. 33–35; Tit. 3

3 Jer. 36–37; Flm. 1

4 Jer. 38–39; He. 1

5 Jer. 40–42; He. 2

6 Jer. 43–45; He. 3

7 Jer. 46–48; He. 4

8 Jer. 49–50; He. 5

9 Jer. 51–52; He. 6

10 Lm. 1–2; He. 7

11 Lm. 3–5; He. 8

12 Ez. 1–3; He. 9

13 Ez. 4–6; He. 10:1–23

14 Ez. 7–9; He. 10:24–39

15 Ez. 10–12; He. 11:1–19

16 Ez. 13–15; He. 11:20–40

17 Ez. 16; He. 12

18 Ez. 17–19; He. 13

19 Ez. 20–21; Stg. 1

20 Ez. 22–23; Stg. 2

21 Ez. 24–26; Stg. 3

22 Ez. 27–28; Stg. 4

23 Ez. 29–31; Stg. 5

24 Ez. 32–33; 1 P. 1

25 Ez. 34–35; 1 P. 2

26 Ez. 36–37; 1 P. 3

27 Ez. 38–39; 1 P. 4

28 Ez. 40; 1 P. 5

29 Ez. 41–42; 2 P. 1

30 Ez. 43–44; 2 P. 2	28 Zac. 7–9; Ap. 19
	29 Zac. 10–12; Ap. 20
DICIEMBRE	30 Zac. 13–14; Ap. 21
1 Ez. 45–46; 2 P. 3	31 Mal. 1–4; Ap. 22

DICIEMBRE

1 Ez. 45–46; 2 P. 3

2 Ez. 47–48; 1 Jn. 1

3 Dn. 1–2; 1 Jn. 2

4 Dn. 3–4; 1 Jn. 3

5 Dn. 5–6; 1 Jn. 4

6 Dn. 7–8; 1 Jn. 5

7 Dn. 9–10; 2 Jn. 1

8 Dn. 11–12; 3 Jn. 1

9 Os. 1–4; Jud. 1

10 Os. 5–8; Ap. 1

11 Os. 9–11; Ap. 2

12 Os. 12–14; Ap. 3

13 Jl. 1–3; Ap. 4

14 Am. 1–3; Ap. 5

15 Am. 4–6; Ap. 6

16 Am. 7–9; Ap. 7

17 Abd. 1; Ap. 8

18 Jon. 1–4; Ap. 9

19 Mi. 1–3; Ap. 10

20 Mi. 4–5; Ap. 11

21 Mi. 6–7; Ap. 12

22 Nah. 1–3; Ap. 13

23 Hab. 1–3; Ap. 14

24 Sof. 1–3; Ap. 15

25 Hag. 1–2; Ap. 16

26 Zac. 1–3; Ap. 17

27 Zac. 4–6; Ap. 18

28 Zac. 7–9; Ap. 19

29 Zac. 10–12; Ap. 20

30 Zac. 13–14; Ap. 21

31 Mal. 1–4; Ap. 22

Escrituras sobre el poder de nuestras palabras

1. "La muerte y la vida están en poder de la lengua…" (Proverbios 18:21).

   COMENTARIO: La Biblia dice que en nuestra propia lengua tenemos el poder de hablar muerte o vida sobre nosotros mismos, nuestras circunstancias, nuestros hijos, nuestras finanzas o sobre un ser querido que está enfermo. Observe cómo el énfasis en este versículo no está en el poder de la muerte y de la vida, sino en el poder de la *lengua*.

2. "Las palabras son poderosas; tómenlas en serio. Las Palabras pueden ser su salvación y pueden ser su condenación" (Mateo 12:36–37, paráfrasis).

   COMENTARIO: Jesús corrobora el versículo anterior, diciéndonos que nuestras palabras tienen el poder de edificarnos o quebrantarnos.

3. "Porque de cierto os digo que cualquiera que dijere a este monte: Quítate y échate en el mar, y no dudare en su corazón, sino creyere que será hecho lo que dice, lo que diga le será hecho" (Marcos 11:23).

COMENTARIO: Jesús no nos dice aquí que solamente oremos con respecto a la montaña, sino que *le hablemos* a la montaña. Esto se aplica a cualquier "montaña" en su vida, sea una enfermedad, un problema financiero, etc. Sigue diciendo que si no dudamos en nuestro corazón, tendremos *lo que* digamos. Si hablamos negativamente, obtendremos resultados negativos; si hablamos positivamente, obtendremos resultados positivos.

4. "He aquí nosotros ponemos freno en la boca de los caballos para que nos obedezcan, y dirigimos así todo su cuerpo. Mirad también las naves; aunque tan grandes, y llevadas de impetuosos vientos, son gobernadas con un muy pequeño timón por donde el que las gobierna quiere. Así también la lengua es un miembro pequeño, pero se jacta de grandes cosas" (Santiago 3:3–5).

COMENTARIO: Este versículo hace tan claro que nuestra lengua determina la dirección de toda nuestra vida; así justo como el freno en la boca del caballo o el timón de una nave determina su dirección.

5. "...aquel a quien fuere mi palabra, cuente mi palabra verdadera... ¿No es mi palabra como fuego, dice Jehová, y como martillo que quebranta la piedra?" (Jeremías 23:28–29).

6. "El hombre será saciado de bien del fruto de su boca..." (Proverbios 12:14).

COMENTARIO: Este maravilloso versículo nos dice muy claramente cómo ser saciados de bien: por el fruto de nuestra boca (nuestras palabras). Si queremos ser saciados con bien, tenemos que hablar palabras de fe y victoria con nuestra boca en todo tiempo.

7. "Y ellos [los santos] le han vencido [al diablo, al acusador de los hermanos] por medio de la sangre del Cordero y de la palabra del testimonio de ellos..." (Apocalipsis 12:11).

COMENTARIO: Este versículo no dice que vencemos al diablo con el *pensamiento* de nuestro testimonio, sino con la *palabra* de nuestro testimonio. Nuestro "testimonio" es lo que la Palabra de Dios dice de nosotros. Todo lo demás es ya sea una mentira del enemigo o un mal pensamiento de nuestra parte. La palabra de nuestro testimonio tiene que ser hablada, como lo hizo Jesús cuando fue tentado por el diablo en el desierto. Le dijo al diablo tres veces: "Escrito está...", en Mateo 4:4–10. Le citó la Escritura y le declaró lo que la Palabra de Dios decía de Él, y el diablo finalmente lo dejó (Mateo 4:11).

8. "El que guarda su boca guarda su alma; mas el que mucho abre sus labios tendrá calamidad" (Proverbios 13:3).

9. "El que guarda su boca y su lengua, su alma guarda de angustias" (Proverbios 21:23).

10. "Te has enlazado con las palabras de tu boca..." (Proverbios 6:2).

Confesiones positivas diarias

"Lo que diga le será hecho".

MARCOS 11:23

Con mucha frecuencia, la manera en que comenzamos el día determina el tipo de día que vamos a tener. Por eso es tan importante que pongamos en marcha nuestra mente en la dirección correcta como lo primero en la mañana. Y por eso es que al enemigo le encanta atacar nuestra mente en el minuto en que despertamos. Utilice estas confesiones positivas para hablarlas en voz alta cada mañana para poner su mente y boca en acuerdo con Dios y programadas para la victoria. Memorice tanto de ellas como pueda, y medite en ellas y háblelas sobre usted a lo largo del día. Los pensamientos que usted piense y las palabras que hable hoy determinarán su mañana.

- Soy bendecido.
- Soy perdonado y redimido.
- Soy amado, aceptado y aprobado.
- Soy libre: libre de enfermedad, pobreza y escasez, así como de todo tipo de cautiverio o fortaleza.
- Soy seguro y confiado.
- Soy sabio, inteligente y creativo.
- Soy una persona enfocada y disciplinada.
- Tengo éxito.
- Soy talentoso.
- Estoy ungido.
- Soy próspero.
- Soy saludable.
- Estoy lleno de brío, vigor, vitalidad, energía y fuerza.
- Soy la obra maestra de Dios, creado a su imagen y semejanza.
- Soy una persona de propósito y destino divinos.
- Soy un hijo del Dios altísimo.
- En todas estas cosas soy más que vencedor (Romanos 8:37).
- Todo lo puedo en Cristo que me fortalece (Filipenses 4:13).
- Dios nos lleva siempre en triunfo en Cristo Jesús (2 Corintios 2:14).
- Como con un escudo Dios me rodeará de su favor (Salmo 5:12).
- El bien y la misericordia de Dios me seguirán todos los días de mi vida (Salmo 23:6).

- Dios tiene planes de bienestar, para darme un futuro y una esperanza (Jeremías 29:11, NBLH).
- Mi senda es como la aurora, que va en aumento hasta que el día es perfecto (Proverbios 4:18).
- Dios cumplirá su propósito en mí y no me desamparará (Salmo 138:8).

Oración por salvación

Si usted nunca le ha pedido formalmente a Jesús que sea su Señor y Salvador, o probablemente se ha enfriado con respecto al Señor y necesita volver a dedicar su vida, lo invito a que se tome un minuto y que lo haga ahora. La Biblia dice que *hoy* es el día de salvación porque el mañana no está garantizado. Quizá no tenga la oportunidad de tomar esta decisión más tarde, así que no la aplace. Haga esta sencilla oración y pídale a Jesús que entre en su corazón:

Señor, Jesús, me arrepiento de todos mis pecados. Te pido que entres en mi corazón y me laves por completo. Te hago mi Señor y mi Salvador. Gracias, Jesús, por salvarme y hacerme parte de la familia de Dios. Ayúdame a seguirte todos mis días. En el nombre de Jesús, amén.

Si usted hizo esa sencilla oración, la Biblia dice que usted "nació de nuevo". Eso significa que usted tiene una vida completamente nueva en Cristo. Ya no está separado de Dios en pecado. Jesús pagó el precio por todos sus pecados—pasados, presentes y futuros—para que pudiera estar en la familia de Dios. La Biblia también dice que usted es una nueva criatura en Cristo. Es probable que no se sienta diferente al principio, pero a medida que siga caminando con Cristo, usted gradualmente será más como Él.

Pasos siguientes

Para ayudarlo a crecer en su
caminar con el Señor lo animo a:

1. Unirse a una buena iglesia que enseñe la Biblia.

2. No pase el tiempo con amigos que lo vayan a alejar de su andar con el Señor. En lugar de ello, invítelos a venir a la iglesia con usted.

3. Hable con Dios diariamente a través de la oración. No necesita hacer oraciones elegantes, solo sea usted mismo y hable con Dios como con un Padre amoroso.

4. Lea su Biblia diariamente para obtener un entendimiento más profundo de Dios y de la vida cristiana.